VEGAN KOCHEN

Einfach – lecker – laktosefrei

tandem.VERLAG
print line

INHALT

BASICS

VORSPEISEN

HAUPTSPEISEN

NACHSPEISEN

WAS BEDEUTET VEGAN KOCHEN?

Köstliche Mahlzeiten nicht auf Kosten von Tieren zuzubereiten, das ist die Philosophie des veganen Kochens. Alle tierischen Lebensmittel werden durch rein pflanzliche Produkte ersetzt. Was übrig bleibt, ist eine bunte und herrlich abwechslungsreiche Gemüseküche. Gesundheitsbewusste, diätetische, ethische und umweltschutztechnische Aspekte machen diese Form der Ernährung für viele Menschen besonders interessant.

Dieses Kochbuch soll neugierig machen, inspirieren und bestärken, sich auf diese Art des Kochens einzulassen und neue Wege zu beschreiten. Nehmen Sie dieses Kochbuch zur Hand, und überraschen Sie Ihre Geschmacksnerven. Lernen Sie neue Gewürze und Zutaten kennen, die in besonderen Kombinationen verarbeitet werden und Ihren Speiseplan erweitern. Sie werden merken, dass der Verzicht auf tierische Produkte nicht gleichzeitig Verzicht auf Genuss bedeutet. Ganz im Gegenteil – die vegane Küche ist abwechslungsreich und noch dazu nicht zeitaufwendiger oder teurer als die konventionelle Küche.

DER VEGANE VORRATSSCHRANK

Die größten Vorteile eines gut sortierten, vollen Vorratsschranks sind, dass man Geld und Zeit spart und immer etwas zuhause hat, wenn sich der kleine oder auch große Hunger bemerkbar macht. In der veganen Küche kommen viele Zutaten zum Einsatz, die sich hervorragend auch über längere Zeit lagern lassen, wenn man bestimmte Dinge beachtet. Zum einen sollte der Lagerplatz trocken, gut durchlüftet und dunkel sein, zum anderen macht ein gutes System den Verbrauch leicht handhabbar und Lebensmittel verderben nicht. Kaufen Sie also gerne mal in größeren Mengen ein und bewahren Sie die Lebensmittel in gut verschließbaren Behältern auf.

- **Reis, Bulgur, Hirse, Dinkel, Buchweizen** und **Maisgrieß** sind gut haltbar und können vielfältig verarbeitet werden. Es gibt sie in verschiedenen Sorten und Variationen. Auch hier gilt wieder das Motto: ausprobieren und herausfinden, was einem am meisten zusagt. Bei **Nudeln** ist darauf zu achten, dass keine Eier bei der Herstellung verwendet wurden.
- **Hülsenfrüchte** gibt es entweder in getrockneter Form oder in Konserven. Die getrockneten Varianten muss man zuvor meist mehrere Stunden in Wasser einweichen und kochen, bevor sie weiterverarbeitet werden können. Linsen, Bohnen, Kichererbsen und Co. sind nicht nur lecker, sondern auch wichtige Eiweißquellen in der veganen Ernährung.
- **Nüsse, Kerne** und **Samen** sind ebenfalls wichtige Nährstofflieferanten und verleihen jedem Gericht seine ganz persönliche Note. Da aus Nüssen (Mandeln, Haselnüsse, Cashewkerne, Erdnüsse, …) auch Drinks und Muse hergestellt werden können, sind sie vielseitig einsetzbar.
- **Gewürze** und **getrocknete Kräuter** spielen auch in der veganen Küche eine wichtige Rolle. Neben den Klassikern (Chiliflocken, Curry, Zimt, Vanille, Paprikapulver, Basilikum, Oregano, Rosmarin, …) können Sie gerne auch unbekanntere ausprobieren, wie z. B. Kreuzkümmel, Muskatnuss, Kurkuma, Sumach, Piment und Safran.
- Bei **Pflanzenölen** muss man zwischen den geschmacksneutralen und Ölen mit einem typischen, meist sehr starken Eigengeschmack unterscheiden. Auch gibt es Unterschiede hinsichtlich ihrer Koch- und Backeigenschaften (z. B. Erhitzbarkeit). Olivenöl sollte z. B. im Gegensatz zu Sonnenblumenöl und Rapsöl nicht zu stark erhitzt werden. Diverse Nussöle verwendet man eher in geringen Mengen für spezielle Dressings und zum Verfeinern von Speisen.
- **Essigsorten**, die gerne zum Einsatz kommen, sind Balsamicoessig, Weiß- und Rotweinessig oder Apfelessig.
- Sehr gut geeignet für den Vorratsschrank sind natürlich auch diverse **Frucht- und Gemüsekonserven**, etwa Tomaten in passierter Form, getrocknet oder als Mark. Gewürzgurken, Oliven, Artischocken und Kapern machen sich gut in verschiedenen Gerichten, können aber auch einfach als schnelle Beilage oder Snack dienen.
- **Gemüsebrühe, Trockenhefe, Hefeflocken, Hafer-** und **Dinkelflocken, getrocknete Beeren** (Açai, Cranberries, Gojibeeren etc.), **getrocknete Pilze** und **Algen** vervollständigen die Vorratskammer.

WAS IST DER UNTERSCHIED ZWISCHEN VEGANER UND VEGETARISCHER ERNÄHRUNG?

Veganismus hat sich aus dem Vegetarismus herausgebildet (das Wort VEGAN entstand aus VEGetariAN). Klassische Vegetarier essen alles außer Fleisch und Fisch. Veganer verzichten auf alle tierischen Produkte, also auch auf Eier, Milchprodukte und Honig.

Wie wird ersetzt?

- Anstelle von **Fleisch** können Sie z. B. Seitan, Tempeh oder Tofu verwenden. Diese Produkte gibt es bereits in unterschiedlichen Sorten, die sehr gut für diverse Gerichte verwendet werden können. Von Spaghetti Bolognese und Chili sin Carne über Hackbraten bis hin zu Bratlingen, dem Einsatz sind keine Grenzen gesetzt. Fast alle Klassiker der Fleischküche gibt es mittlerweile auch als vegane „Nachbauten": vegane Wurst, Schnitzel, Hackfleisch, Frikadellen.
- In viele Rezepte werden **Eier** für die nötige Bindung verwendet. Um diese zu erhalten, kann man aber auch Sojamehl, Kichererbsenmehl oder Pfeilwurzelstärke verwenden, die aufgrund ihres hohen Eiweiß- und Fettgehalts bzw. ihrer natürlichen Pflanzenstärke hervorragende Bindungs- und Backeigenschaften mit sich bringen.
- **Butter** kann man durch pflanzliche Fette, wie z. B. hochwertige Öle, Kokosöl und hochwertige Margarine ohne gehärtete Fette ersetzen.
- Statt **Tiermilch** stehen Ihnen zahlreiche Pflanzendrinks zur Verfügung. Hafermilch, Mandelmilch, Reismilch, Sojamilch, Kokosmilch – probieren Sie einfach aus, welche ihre Lieblingssorte ist.
- Vielen Menschen fällt es leichter, auf Fleisch zu verzichten als auf **Käse**. Veganer „Käse" aus Soja oder Seidentofu, Frischkäse aus Sojajoghurt, Hefeschmelz oder veganer „Parmesan" können hier Abhilfe schaffen.
- Anstelle von **Honig** süßen Sie mit Agavendicksaft oder Ahornsirup.
- Als Bindemittel und **Gelatine**-Ersatz stehen Ihnen Agar-Agar, Pfeilwurzelstärke, Fruchtpektin und Johannisbrotkernmehl zur Verfügung.

Einige Zutaten gibt es sowohl als vegane als auch als nicht vegane Variante (z. B. Wein, Essig, Margarine, Schokolade). Wein beispielsweise wird oft mit Hilfsmitteln behandelt, die der Klärung und Haltbarkeit dienen und tierischer Herkunft sind. Achten Sie deshalb auf die Produktkennzeichnung „vegan". Auch der Blick in die Inhaltsstoffangaben hilft oft weiter!

NÄHRWERTANGABEN

Alle Gerichte in diesem Buch sind für 4 Personen konzipiert.

Die Nährwerttabellen weisen jeweils die Mengenangaben pro Portion aus, also ¼ der Gesamtmenge. Ausnahmen sind extra gekennzeichnet.

BEGRIFFSERKLÄRUNGEN

Abseihen:	Abgießen des Kochwassers oder des Kochguts in ein Tuch oder Sieb, um flüssige und feste Bestandteile zu trennen
Anschwitzen:	kurzes Garen von Gemüse in wenig Fett bei geringer Hitze
Blanchieren:	kurzzeitiges Eintauchen von Lebensmitteln in kochendes Wasser
Dämpfen:	schonende Garmethode mit Wasserdampf
Dünsten:	in wenig Flüssigkeit garen
Garnieren:	Verzieren von Speisen
Frittieren:	in heißem Fett schwimmend backen
Gehen lassen:	Teig ruhen lassen, damit er aufgeht und an Volumen zunimmt
Karamellisieren:	Erhitzen von Zucker, wodurch er sich verflüssigt und in Karamell verwandelt (hellgelbe bis braune, glänzende Masse)
Marinieren:	Einlegen von Speisen in eine würzende Flüssigkeit
Passieren:	Flüssigkeiten durch ein Sieb oder Tuch gießen, streichen oder drücken, um Trüb- und Schwebestoffe zu entfernen
Schnetzeln:	in dünne Streifen schneiden
Stifteln:	in kleine Stifte schneiden

BASICS

MANDELMILCH

ZUTATEN

200 g ganze Mandeln
1000 ml Wasser
Salz
etwas Agavendicksaft
etwas Vanilleextrakt
Baumwolltuch

ZUBEREITUNGSZEIT

15 Min. + 1 Nacht Einweichzeit

NÄHRWERTE pro Portion

kcal	kJ	Eiweiß	Fett	Kohlenhyd.
60	260	2 g	3 g	6 g

1. Die ungehäuteten Mandeln über Nacht in etwas Wasser einweichen lassen.

2. Am nächsten Tag die Mandeln abgießen und mit dem frischen Wasser einige Minuten im Mixer pürieren.

3. Danach durch ein Tuch seihen und zusammen mit einer Prise Salz, etwas Agavendicksaft und Vanilleextrakt (je nach Geschmack) kurz erneut mixen.

Tipp

Die Milch hält sich ca. 3 Tage im Kühlschrank. Das übrig gebliebene Mandelmehl eignet sich getrocknet hervorragend als Backzutat für Kekse oder Kuchen!

REISMILCH

ZUTATEN

2 Ta. Reis (Sorte nach Geschmack)
4 Ta. Wasser
1 TL Vanilleextrakt
1 EL Ahornsirup
1 Prise Salz

ZUBEREITUNGSZEIT

20 Min. + 1 Std. Ruhezeit

NÄHRWERTE pro Portion

kcal	kJ	Eiweiß	Fett	Kohlenhyd.
120	500	0 g	9 g	23 g

1. Den Reis gemäß der Anleitung auf der Verpackung kochen.

2. Anschließend mit der Hälfte des frischen Wassers und den anderen Zutaten in einen Mixer geben und mehrere Minuten lang auf der höchsten Stufe pürieren.

3. Das restliche Wasser hinzugeben und alles noch einmal mixen.

4. Etwa eine Stunde lang an einem kalten Ort ruhen lassen, dann durch ein Küchentuch oder feines Sieb abgießen.

Tipp

Reismilch hält sich gekühlt bis zu einer Woche.

BÉCHAMELSAUCE

ZUTATEN
100 g hochwertige Margarine
4 gestr. EL Mehl
1 TL Salz
1000 ml Sojamilch
Pfeffer

ZUBEREITUNGSZEIT
20 Min.

NÄHRWERTE pro Portion

kcal	kJ	Eiweiß	Fett	Kohlen-hyd.
230	950	11 g	9 g	25 g

1. Die Margarine in einem Topf schmelzen lassen, mit dem Mehl und dem Salz vermengen und bei geringer Hitze die Sojamilch langsam mit einem Schneebesen einrühren.

2. Unter mehrmaligem Umrühren 20 Minuten köcheln lassen.

3. Die Béchamelsauce in eine Schüssel füllen, umrühren und mit Pfeffer abschmecken.

4. Die Sauce kann für verschiedene Gerichte verwendet werden.

FRISCHKÄSE

ZUTATEN
1000 ml Sojamilch
3 TL Apfelessig
3 TL Zitronensaft
Salz, Pfeffer
Baumwolltuch

ZUBEREITUNGSZEIT
10 Min.

NÄHRWERTE pro Portion

kcal	kJ	Eiweiß	Fett	Kohlen-hyd.
80	350	9 g	4 g	2 g

1. Die Sojamilch in einen Topf geben und mit Essig und Zitronensaft vermengen.

2. Aufkochen und so lange köcheln lassen, bis die Milch ausflockt (ca. 3–5 Minuten). Dabei ständig mit dem Schneebesen durchrühren.

3. Vom Herd nehmen und durch ein großes Sieb seihen, das mit einem Baumwolltuch ausgelegt ist. Das Tuch an den Enden zusammennehmen und durch Drehen die restliche Flüssigkeit auspressen.

4. So lange wringend auspressen, bis im Tuch nur die feste Masse zurückbleibt.

5. Salzen und pfeffern.

MAYONNAISE

ZUTATEN
150 ml Sojamilch
2 TL Zitronensaft
250 ml Maiskeimöl
½ TL Agavendicksaft
1 ½ TL Senf
Salz, Pfeffer

ZUBEREITUNGSZEIT
10 Min.

NÄHRWERTE pro Portion

kcal	kJ	Eiweiß	Fett	Kohlenhyd.
350	1480	1 g	38 g	2 g

1. Die Sojamilch und den Zitronensaft in ein hohes Gefäß geben und kurz mit dem Pürierstab mixen.

2. Unter ständigem Pürieren das Öl langsam über einen Teelöffel einfließen lassen.

3. Wenn die Mayonnaise eine cremige Konsistenz erreicht hat, mit Agavendicksaft, Senf, Salz und Pfeffer abschmecken, durchrühren und kalt stellen.

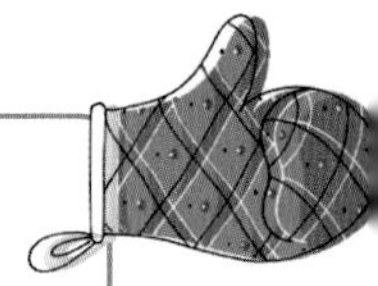

Tipp

Für die Zubereitung sollten alle verwendeten Zutaten Zimmertemperatur haben.

TOMATENSAUCE

Für diese, auch Passata genannte Sauce, eignen sich Eiertomaten aus Italien am besten. Alternativ sollten reife, aromatische Freilandtomaten verarbeitet werden.

ZUTATEN
1,2 kg Eiertomaten

ZUBEREITUNGSZEIT
15 Min. + 35 Min. Kochzeit

NÄHRWERTE pro Portion

kcal	kJ	Eiweiß	Fett	Kohlenhyd.
50	220	3 g	0 g	8 g

1. Die Tomaten waschen und kreuzweise einscheiden. Für 5 Minuten in leicht kochendes Wasser geben, abtropfen lassen und enthäuten.

2. Die enthäuteten Tomaten durch ein Sieb in eine Schüssel streichen.

3. Die dickflüssige Tomatenmasse in einen Topf geben, kurz aufkochen lassen und 30 Minuten unter gelegentlichem Rühren köcheln lassen.

4. Eine Flasche mit heißem Wasser ausspülen und die heiße Sauce vorsichtig durch einen Trichter in die Flasche füllen. Die Flasche sofort verschließen. Innerhalb der nächsten 1–2 Tage aufbrauchen.

VEGANER PARMESAN

ZUTATEN

3 EL Pinienkerne
3 EL Mandeln, enthäutet
3 EL Hefeflocken
Kurkuma oder Paprikapulver nach Geschmack

ZUBEREITUNGSZEIT

10 Min.

NÄHRWERTE pro Portion

kcal	kJ	Eiweiß	Fett	Kohlenhyd.
80	320	4 g	6 g	2 g

1. Die Pinienkerne und Mandeln grob hacken.

2. Anschließend mit den Hefeflocken in einem Mörser fein zerstoßen.

3. Das Gewürz zugeben und alles gut durchmischen.

Tipp

Veganer Parmesan passt hervorragend zu zahlreichen italienischen Gerichten und kann nach Belieben mit verschiedenen Gewürzen variiert werden.

HEFESCHMELZ

ZUTATEN

2 EL hochwertige Margarine
3 TL Mehl
150 ml Wasser
4 EL Edel-Hefeflocken
1 TL Senf
1 Prise Paprikapulver, edelsüß
je 1 Prise Muskat und Kurkuma
Salz

ZUBEREITUNGSZEIT

10 Min.

NÄHRWERTE pro Portion

kcal	kJ	Eiweiß	Fett	Kohlenhyd.
70	280	3 g	4 g	5 g

1. Die Margarine in einem Topf zerlassen, das Mehl einrühren und langsam etwas Wasser hinzufügen.

2. Die Hefeflocken, den Senf und die Gewürze sowie Salz nach Belieben hinzufügen und unter ständigem Rühren das restliche Wasser dazugeben, bis die gewünschte Konsistenz erreicht ist.

3. Kurz aufkochen lassen und dann sofort von der Herdplatte nehmen.

Tipp

Hefeschmelz gilt als „der" vegane Käseersatz.

VORSPEISEN

FRANZÖSISCHE ZWIEBELSUPPE

ZUTATEN

750 g Zwiebeln
3 EL Sonnenblumenöl
2 EL Olivenöl
1 Prise Zucker
½ TL Salz
1 gestr. EL Weizenmehl
1,5 l Gemüsebrühe
200 ml Weißwein
Salz, Pfeffer

8 Scheiben Baguette
(ca. 1 cm dick)
2 Knoblauchzehen
2 EL Olivenöl
125 g veganer Reibekäse

ZUBEREITUNGSZEIT

2 Stunden

NÄHRWERTE pro Portion

kcal	kJ	Eiweiß	Fett	Kohlen-hyd.
480	2010	8 g	32 g	32 g

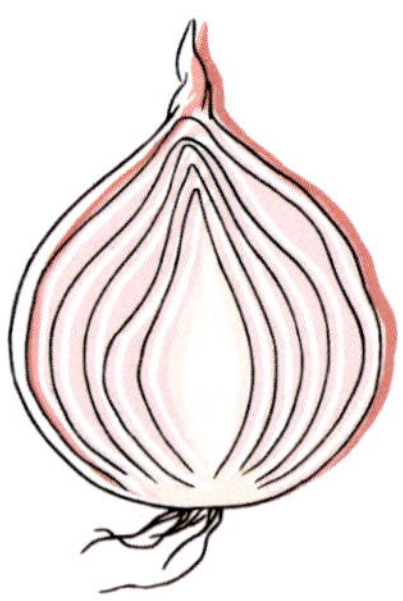

1. Die Zwiebeln schälen und in hauchdünne Scheiben schneiden.

2. In einer Pfanne das Sonnenblumenöl zusammen mit 2 EL Olivenöl auf mittlerer Stufe erhitzen. Die Zwiebeln dazugeben und unter Rühren 5 Minuten glasig anbraten. Abgedeckt bei geringer Hitze ca. 15 Minuten garen. Gelegentlich umrühren.

3. Zucker und Salz hinzufügen und weitere 20 Minuten unbedeckt braten, bis die Zwiebeln goldbraun sind.

4. Das Mehl unter die Zwiebeln rühren und ca. 3-4 Minuten bräunen.

5. Langsam die heiße Brühe angießen und die Suppe zum Kochen bringen, dabei immer wieder durchrühren.

6. Den Wein hinzugeben und mit frisch gemahlenem Pfeffer würzen. Die Temperatur herunterschalten und die Suppe zugedeckt nochmals 30–40 Minuten köcheln lassen, bis die Zwiebeln zu zerfallen beginnen.

7. Die Baguette-Scheiben toasten. Anschließend mit den halbierten Knoblauchzehen und dem Olivenöl einreiben.

8. Den Backofen auf 240 °C Ober-/Unterhitze (oder auf Grillfunktion) vorheizen. Die Suppe in vier ofenfeste Schüsseln füllen, mit je zwei Brotscheiben belegen und mit Reibekäse bedecken. Auf ein mit Backpapier belegtes Backblech stellen und im oberen Drittel des Backofens goldbraun überbacken. Sofort servieren.

ROTE BETE-CARPACCIO

ZUTATEN

4 kleine Rote Beten
1 Handvoll Rucola
200 g Räuchertofu
4 EL Pinienkerne

4 EL Balsamicoessig
8 EL Olivenöl
1 EL Zitronensaft
1 EL Agavendicksaft
1 TL Senf
Meersalz, Pfeffer

ZUBEREITUNGSZEIT

1 Stunde

NÄHRWERTE pro Portion

kcal	kJ	Eiweiß	Fett	Kohlenhyd.
310	1270	11 g	24 g	12 g

1. Die Rote Bete ungeschält in genügend Salzwasser 45 Minuten kochen lassen, kalt abschrecken und schälen. In dünne Scheiben schneiden und auf den Tellern verteilen.

2. Den Rucola von den harten Stielen befreien, etwas klein zupfen und über die Bete-Scheiben geben.

3. Den Räuchertofu in feine Stifte schneiden und auf dem Rucola verteilen.

4. Die Pinienkerne in einer beschichteten Pfanne ohne Öl bräunen und darüberstreuen.

5. Aus den restlichen Zutaten ein Dressing zubereiten und die einzelnen Portionen damit beträufeln.

TOMATEN-COUSCOUS-TIRAMISU

ZUTATEN

Couscous:
220 ml Gemüsebrühe
½ kleine Zwiebel
2 Knoblauchzehen
1 EL Olivenöl
125 g Couscous
Salz, Pfeffer
1 TL Limettensaft

Knoblauchcreme:
100 g Weißbrot
120 ml Reismilch
2 Knoblauchzehen
120 ml Sonnenblumenöl
Salz, Pfeffer
12 Cocktailtomaten
1 Pckg. Kresse
300 g Honigmelone
2 EL Pinienkerne

4 Servierringe (∅ 7 cm)

ZUBEREITUNGSZEIT

1 Stunde + Kühlzeit

NÄHRWERTE pro Portion

kcal	kJ	Eiweiß	Fett	Kohlenhyd.
550	2300	9 g	37 g	46 g

1. Für das Couscous die Gemüsebrühe gemäß der Anleitung auf der Verpackung zubereiten.

2. Zwiebel und Knoblauch schälen und fein hacken. Olivenöl in einem Topf erhitzen, Zwiebel und Knoblauch darin anbraten.

3. Mit der Brühe aufgießen, aufkochen lassen und das Couscous einrühren. Bei schwacher Hitze nach Anleitung auf der Verpackung quellen lassen, mit Salz, Pfeffer und Limettensaft abschmecken.

4. Für die Knoblauchcreme das Weißbrot grob zerteilen und in der Reismilch einlegen, die Knoblauchzehen schälen und zusammen mit dem ausgedrückten Brot pürieren. Währenddessen das Öl unter ständigem Pürieren langsam über einen Teelöffel einfließen lassen. Die Creme mit Salz und Pfeffer abschmecken.

5. Die Tomaten kreuzweise einschneiden, kurz in kochendes Wasser legen und dann häuten. Die Tomaten würfeln und die Hälfte davon unter die Creme ziehen. Die Melone schälen, von den Kernen befreien und in dünne Scheiben schneiden. Die Pinienkerne in einer beschichteten Pfanne rösten und mit dem Couscous vermengen.

6. Vier Servierringe mit kaltem Wasser ausspülen und auf vier Teller setzen. Das Couscous jeweils 1,5 cm hoch einfüllen, mit einem Löffel festdrücken und eine Schicht Creme darauf geben. Mit den Melonenscheiben belegen und die Hälfte der Kresse darüber verteilen. Eine weitere Schicht Couscous einfüllen und mit der Creme abschließen.

7. Die Teller für ca. 2 Stunden kalt stellen. Vor dem Servieren die Ringe vorsichtig entfernen. Mit den restlichen Tomatenwürfeln und der übrigen Kresse garnieren.

RUCOLAPÜREE

MIT PAPRIKA-ORANGEN-TATAR UND GRISSINI

ZUTATEN

Grissini (ca. 40 Stück):
250 g Weizenmehl
1 Pckg. Trockenhefe, vegan
½ TL Salz
½ TL Zucker
1 TL Rosmarin, getrocknet
2 EL Olivenöl
150 ml lauwarmes Wasser

Paprika-Orangen-Tatar:
2 Orangen
4 mittelgroße Karotten
2 Paprika, orange
1 EL Zitronensaft
2 EL Olivenöl
Salz, Pfeffer

Rucolapüree:
600 g mehlige Kartoffeln
100 g Rucola
50 ml Olivenöl

etwas Rucola zum Garnieren

ZUBEREITUNGSZEIT

45 Min. + 70 Min. Ruhezeit

NÄHRWERTE pro Portion

kcal	kJ	Eiweiß	Fett	Kohlen-hyd.
610	2550	12 g	24 g	84 g

1. Für die Grissini Mehl, Hefe, Salz, Zucker und Rosmarin mischen und mit Öl und Wasser verkneten. Den Teig mit dem Knethaken des Handrührgeräts ca. 10 Minuten kneten und an einem warmen Ort zugedeckt eine Stunde gehen lassen.

2. Den Teig auf einer bemehlten Arbeitsfläche 2 cm dick ausrollen, in 10 cm lange Streifen schneiden und diese zu 25 cm langen Stangen formen.

3. Die Grissini vorsichtig auf ein mit Backpapier belegtes Backblech legen und nochmals 10 Minuten zugedeckt gehen lassen. Im vorgeheizten Backofen auf der oberen Schiene bei 220 °C Ober-/Unterhitze ca. 10 Minuten goldgelb backen.

4. Für das Paprika-Orangen-Tatar die Orangen schälen und in feine Würfel schneiden, die Karotten und Paprika waschen, putzen und fein würfeln. Alles mit Zitronensaft und Olivenöl vermengen und mit Salz und Pfeffer würzig abschmecken.

5. Für das Rucolapüree die Kartoffeln in gesalzenem Wasser weich kochen, schälen und durch die Kartoffelpresse drücken. Den Rucola waschen, von den Stielen befreien und fein schneiden. In einem hohen Gefäß den Rucola und das Olivenöl mit einem Stabmixer pürieren. Zwei Teelöffel Rucolapüree für die Garnierung zur Seite geben und den Rest unter das warme Kartoffelpüree rühren.

6. Das Püree mit dem Tatar zusammen anrichten. Mit den Grissini und etwas Rucola garnieren.

STRUDELTEIG-SCHÜSSELCHEN

MIT MARINIERTEM GEMÜSE

ZUTATEN

Strudelteig:
200 g Weizen- oder Dinkelmehl
½ TL Salz
1 EL Öl
120 ml lauwarmes Wasser

Mehl zum Ausrollen
Öl zum Bestreichen der Förmchen

Gemüsesticks:
Saft einer Zitrone
5 EL Olivenöl
1 TL Ahornsirup
1 TL Estragonsenf
5 Blätter Salbei
Salz
1 Kohlrabi
½ Fenchel
1 Birne
1 Apfel
2 Karotten
2 Stangen Staudensellerie

ZUBEREITUNGSZEIT

1 Stunde + 30 Min. Marinierzeit + 15 Min. Ruhezeit

NÄHRWERTE pro Portion

kcal	kJ	Eiweiß	Fett	Kohlenhyd.
290	1220	8 g	4 g	55 g

1. Das Mehl auf ein Backbrett sieben, Salz dazugeben, in die Mitte eine Mulde drücken und langsam das Öl mit dem Wasser zusammen hineingießen. Rasch zu einem Teig verkneten. Den Teig etwa 10 Minuten lang mit den Handballen bearbeiten und die Teigkugel anschließend zehnmal auf das Backbrett schlagen. Einen erwärmten kleinen Topf über die Teigkugel stülpen. Den Teig 15 Minuten so ruhen lassen.

2. Backbrett und Nudelholz mit Mehl bestäuben. Den Teig sehr dünn ausrollen. Ofenfeste Förmchen mit der Öffnung nach unten auf ein mit Backpapier ausgelegtes Backblech setzen und außen mit Öl bestreichen. Aus dem Teig Quadrate entsprechender Größe schneiden, über die Förmchen legen und rundum in Form ziehen.

3. Im vorgeheizten Backofen bei 200 °C Ober-/Unterhitze auf der mittleren Schiene ca. 15 Minuten goldbraun backen. Auskühlen lassen und vorsichtig von den Förmchen lösen.

4. Für die Gemüsesticks die Marinade vorbereiten: Den Zitronensaft mit Öl, Ahornsirup und Senf verrühren, Salbeiblätter dazugeben und mit Salz abschmecken.

5. Das Gemüse und Obst waschen, putzen und in feine Sticks schneiden. Für mindestens 30 Minuten in die Marinade legen. Anschließend abtropfen lassen und in die Strudelteig-Schälchen füllen. Sehr gut passt dazu noch ein würziger Dip aus frischen Kräutern und Sojajoghurt.

HONIGMELONEN-BRUSCHETTA

ZUTATEN

½ Zucker- oder Honigmelone
2 Nektarinen
1 Fenchel
150 g Oliven, entsteint
2 EL Basilikum, gehackt
3 TL Zitronensaft
7 TL Olivenöl
Salz, Pfeffer
1 kleines Weißbrot

ZUBEREITUNGSZEIT

20 Min.

NÄHRWERTE pro Portion

kcal	kJ	Eiweiß	Fett	Kohlenhyd.
240	1000	7 g	4 g	55 g

1. Die Melone schälen, mithilfe eines Teelöffels von den Kernen befreien und in kleine Würfel schneiden.

2. Die Nektarinen waschen, entkernen und zusammen mit dem geputzten Fenchel und den Oliven in kleine Würfel schneiden.

3. Alles in eine Schüssel geben und mit den übrigen Zutaten vermengen, mit Salz und Pfeffer abschmecken und durchziehen lassen.

4. In der Zwischenzeit acht Scheiben Brot toasten. Die Gemüse-Frucht-Masse auf den noch warmen Brotscheiben verteilen und sofort servieren.

ERDBEER-SELLERIE-SALAT

ZUTATEN

150 g Honigmelone
150 g Erdbeeren
1 grüner Apfel
150 g Stangensellerie
4 EL Pflanzenöl
3 EL Limettensaft
Salz, Pfeffer
1 Handvoll gemischte Nüsse und Rosinen, grob gehackt

ZUBEREITUNGSZEIT

15 Min.

NÄHRWERTE pro Portion

kcal	kJ	Eiweiß	Fett	Kohlenhyd.
300	1240	4 g	21 g	23 g

1. Die Honigmelone schälen und würfeln. Die Erdbeeren vierteln, den Apfel waschen und in Scheiben schneiden, den Stangensellerie in dünne Scheiben schneiden und alles miteinander vermengen.

2. Das Öl mit Limettensaft, Salz und Pfeffer zu einer Vinaigrette verrühren und über den Obst-Gemüsesalat geben.

3. In vier Schälchen füllen und mit den Nüssen und Rosinen bestreuen.

PAPAYA-MINZ-SALAT

ZUTATEN

2 Papayas
200 g Tofu, natur
½ Handvoll Erdnüsse
2 EL Pflanzenöl
3 Lauchzwiebeln
1 Stange Staudensellerie
10 Pfefferminzblätter
10 Korianderblätter
1 Limette
4 EL Sesamöl
2 EL Sweet Chili-Sauce
Salz, Pfeffer

ZUBEREITUNGSZEIT

20 Min.

NÄHRWERTE pro Portion

kcal	kJ	Eiweiß	Fett	Kohlen-hyd.
330	1380	12 g	25 g	14 g

1. Die Papayas schälen, halbieren, von den Kernen befreien und in Stifte schneiden.

2. Den Tofu ebenfalls in Stifte schneiden und mit den Erdnüssen im Pflanzenöl goldbraun anbraten.

3. Die Lauchzwiebeln und den Stangensellerie in feine Ringe schneiden, die Pfefferminzblätter und Korianderblätter grob hacken.

4. Die Limette auspressen. Den Saft mit Sesamöl, Sweet Chili-Sauce, Salz und Pfeffer zu einem Dressing verrühren.

5. Den Gemüse-Obstsalat auf Tellern anrichten, Tofustifte und Erdnüsse darauf verteilen und mit dem Dressing beträufeln.

MAROKKANISCHE

KAROTTEN-INGWERSUPPE

MIT GEBRATENER BANANE

ZUTATEN

750 ml Gemüsebrühe
6 Karotten
2 daumengroße Stücke Ingwer
1 EL Zucker
1 Banane
1 EL Pflanzenöl
200 ml Hafer-Sahne
½ TL Ras el-Hanout
Salz, Pfeffer

ZUBEREITUNGSZEIT

30 Min.

NÄHRWERTE pro Portion

kcal	kJ	Eiweiß	Fett	Kohlen-hyd.
180	740	3 g	10 g	19 g

1. Die Gemüsebrühe gemäß der Anleitung auf der Verpackung zubereiten.

2. Die Karotten schälen und in ca. 1 cm große Stücke schneiden.

3. Den Ingwer schälen und würfeln.

4. Den Zucker karamellisieren lassen, die Karotten und den Ingwer dazugeben und eine Minute darin anbräunen.

5. Mit der Gemüsebrühe ablöschen und 15 Minuten köcheln lassen.

6. Die Banane schräg in lange, ca. 0,5 cm dicke Scheiben schneiden. Das Öl in einer beschichteten Pfanne erhitzen und die Bananenscheiben leicht darin bräunen.

7. Die Hafer-Sahne in die Suppe geben und mit dem Pürierstab schaumig mixen. Mit Ras el-Hanout, Salz und Pfeffer würzen und mit den Bananenscheiben dekorieren.

ITALIENISCHER BROTSALAT

ZUTATEN

8 Scheiben Ciabatta (1 cm dick)
4 Knoblauchzehen
6 EL Olivenöl
2 EL Pinienkerne
1 Handvoll Rucola
250 g Kirschtomaten
12 schwarze Oliven
1 Handvoll italienische Kräuter, gehackt
2 EL Balsamicoessig
Meersalz, Pfeffer
4 EL veganer Parmesan (siehe Rezept Seite 18)

ZUBEREITUNGSZEIT

30 Min.

NÄHRWERTE pro Portion

kcal	kJ	Eiweiß	Fett	Kohlenhyd.
340	1440	8 g	23 g	26 g

1. Die Ciabattascheiben würfeln, den Knoblauch in hauchfeine Scheiben schneiden und zusammen in 2–3 EL Olivenöl goldbraun anrösten.

2. Die Pinienkerne in einer beschichteten Pfanne ohne Öl anrösten. Den Rucola von den groben Stielen befreien, die Kirschtomaten halbieren, die Oliven entsteinen und vierteln.

3. Mit den gehackten Kräutern vermengen und mit Balsamicoessig, Olivenöl, Salz und Pfeffer würzen.

4. Die Knoblauch-Brotwürfel und die gerösteten Pinienkerne kurz vor dem Servieren untermischen und den Salat mit dem veganen Parmesan bestreuen.

DINKELSALAT

ZUTATEN

250 g Dinkel, schnellkochend
2 Frühlingszwiebeln
½ Paprika, rot
½ Paprika, gelb
1 kleine Fenchelknolle
1 kleine Zucchini
2 Stangen Staudensellerie
1 Karotte
½ Kohlrabi
1 Knoblauchzehe
3 EL Olivenöl
3 EL Sojasauce
Salz, Pfeffer

ZUBEREITUNGSZEIT

30 Min.

NÄHRWERTE pro Portion

kcal	kJ	Eiweiß	Fett	Kohlen-hyd.
340	1440	15 g	10 g	48 g

1. Den Dinkel mit der doppelten Menge Wasser zum Kochen bringen, salzen und 20 Minuten leicht köcheln lassen.

2. Die Frühlingszwiebeln in feine Ringe schneiden und beiseitestellen.

3. Das restliche Gemüse klein würfeln und in Olivenöl anrösten, bis es bissfest ist.

4. Den gekochten Dinkel daruntermischen.

5. Alles mit Sojasauce, Salz und Pfeffer abschmecken und mit den Frühlingszwiebelringen garnieren.

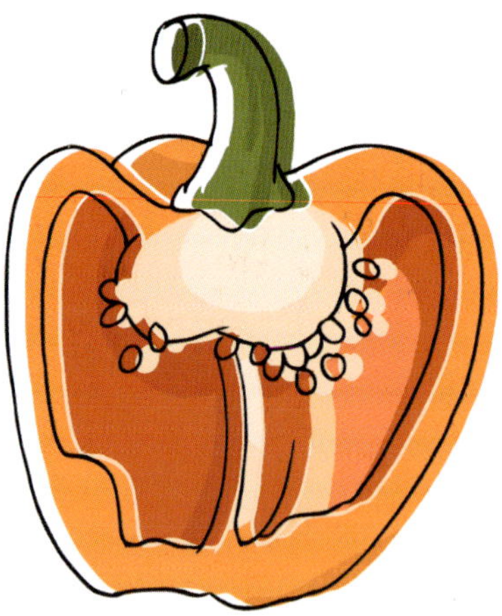

HUMMUS

MIT ROGGEN-ANIS-FLADENBROT

ZUTATEN

Hummus:

400 g Kichererbsen (aus der Dose)
3 EL Sesampaste (Tahin)
3 Knoblauchzehen, gehackt
3 EL Pflanzenöl
1 TL Cumin, gemahlen
1 Prise Cayennepfeffer
1 TL Currypulver
Saft von 1–2 Zitronen
Salz, Pfeffer
1 Handvoll Petersilie, gehackt

Brot:

600 g Roggenvollkornmehl
15 g Sauerteigextrakt
7 g Trockenhefe, vegan
2 TL Salz
2 TL Anis
500 ml Wasser, lauwarm

ZUBEREITUNGSZEIT

10 Min. + 2 Std. Ruhezeit + 30 Min. Backzeit

NÄHRWERTE pro Portion

kcal	kJ	Eiweiß	Fett	Kohlenhyd.
750	3130	21 g	16 g	128 g

1. Die Kichererbsen abseihen und die Flüssigkeit in einer Schüssel aufbewahren.

2. Die Sesampaste und den Knoblauch zusammen mit Öl, Cumin, Cayennepfeffer, Currypulver und Zitronensaft zu den Kichererbsen geben und alles fein pürieren.

3. Von der Kichererbsenflüssigkeit so viel beimengen, dass eine cremige Konsistenz entsteht.

4. Mit Salz und Pfeffer abschmecken und mit der Petersilie dekorieren.

5. Für das Brot Roggenmehl, Sauerteigextrakt, Trockenhefe, Salz und einen Teelöffel Anis in einer Schüssel gut vermengen. Das lauwarme Wasser dazugeben und alles mit dem Knethaken auf höchster Stufe ca. 10 Minuten quirlen. An einem warmen Ort eine Stunde zugedeckt gehen lassen. Nochmals durchkneten und erneut eine Stunde gehen lassen.

6. Den Ofen auf 200 °C Ober-/Unterhitze vorheizen. Aus dem Teig kleine Fladenbrötchen formen und mit Anis bestreuen. Die Brötchen auf der 2. Schiene von unten ca. 30 Minuten backen.

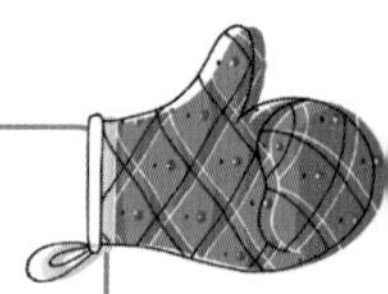

Tipp

Mit Curry-Gewürz oder gehacktem Koriander lassen sich köstliche Variationen zubereiten.

APFEL-FENCHEL-SUPPE

Der Fenchel stammt aus dem Mittelmeerraum und ist vielseitig einsetzbar: Die Knolle kann gedünstet, gekocht oder gebraten werden, Samen und Kraut finden als Gewürz Verwendung.

ZUTATEN

Apfelchips:
2 kleinere Äpfel

700 ml Gemüsebrühe
1 großer, säuerlicher Apfel
1 großer Fenchel
3 Frühlingszwiebeln
2 EL Öl

100 ml Weißwein
Salz, Pfeffer
100 ml Reis-Sahne

ZUBEREITUNGSZEIT

30 Min. + 4 Std. Dörrzeit

NÄHRWERTE pro Portion

kcal	kJ	Eiweiß	Fett	Kohlenhyd.
210	880	4 g	10 g	21 g

1. Für die Apfelchips die Äpfel entkernen und in 4–5 mm breite Ringe schneiden. Auf ein mit Backpapier belegtes Backblech legen und bei 50 °C ca. vier Stunden dörren lassen. Dabei die Backofentür z. B. mit einem eingeklemmten Tuch oder Kochlöffel einen Spalt geöffnet halten.

2. Die Gemüsebrühe gemäß der Anleitung auf der Verpackung zubereiten.

3. Apfel, Fenchel und Frühlingszwiebeln waschen. Den Apfel vom Kerngehäuse befreien und grob hacken. Den Fenchel putzen, dabei das zarte Grün entfernen, den Stiel in feine Ringe schneiden und mit dem Grün zusammen beiseitelegen. Den Fenchel und die Frühlingszwiebeln in Stücke schneiden. In einem tiefen Topf das Öl erhitzen und die Zutaten darin andünsten.

4. Mit der Gemüsebrühe aufgießen und die Suppe zugedeckt bei mittlerer Hitze 20 Minuten köcheln lassen. Anschließend mit dem Stabmixer pürieren.

5. Den Weißwein dazugeben und mit Salz und Pfeffer abschmecken. Kurz vor dem Servieren die Reis-Sahne einrühren und die Suppe mit dem Pürierstab aufschäumen.

6. Mit dem Fenchelgrün, den Fenchelringen und den Apfelchips garnieren.

KOHLRABI-CARPACCIO

MIT STUDENTENFUTTER

ZUTATEN

2 mittelgroße Kohlrabi
250 g Studentenfutter
1 Handvoll gemischte Kräuter, frisch
½ Zitrone
4 EL Balsamicoessig
6 EL Walnussöl
1 EL Agavendicksaft
Salz, Pfeffer

ZUBEREITUNGSZEIT

30 Min.

NÄHRWERTE pro Portion

kcal	kJ	Eiweiß	Fett	Kohlen-hyd.
550	2290	14 g	37 g	38 g

1. Die Kohlrabi schälen, 15 Minuten dämpfen und abkühlen lassen.

2. Die kalten Kohlrabi in dünne Scheiben schneiden und auf den Tellern verteilen.

3. Das Studentenfutter im Mörser grob zerkleinern.

4. Die Kräuter klein schneiden und mit dem Studentenfutter vermischen.

5. Die Mischung auf den Kohlrabischeiben anrichten.

6. Für das Dressing die halbe Zitrone auspressen. Den Saft mit Balsomicoessig, Walnussöl und Agavendicksaft verrühren und mit Salz und Pfeffer würzig abschmecken.

7. Das Carpaccio mit dem Dressing beträufeln.

FRISCHKÄSE-GNOCCHI

AUF ERBSENMUS

ZUTATEN

150 g Sojajoghurt
150 g weißer Spargel
etwas Zitronensaft
100 ml Wasser
1 TL Agar-Agar
50 ml Sojasahne
1 TL Sahnesteif
½ TL Zucker
1 Prise Muskatnuss, gemahlen
Weißer Pfeffer
Salz

Erbsenmus:
2 Frühlingszwiebeln
1 TL Öl
150 g Erbsen, tiefgefroren
1 Prise Muskatnuss, gemahlen
1 TL Dill, gehackt
Weißer Pfeffer
100 ml Reismilch
Salz

4 Zweige Dill
1 Handvoll Erbsen
für die Dekoration

ZUBEREITUNGSZEIT

30 Min. + Kühlzeit

NÄHRWERTE pro Portion

kcal	kJ	Eiweiß	Fett	Kohlenhyd.
90	380	6 g	4 g	8 g

1. Den Joghurt in einem Kaffeefilter (in ein Sieb gestellt) abtropfen lassen, bis eine feste Joghurtmasse von etwa 70 g übrig bleibt.

2. Den Spargel schälen, in Stücke schneiden und in leicht gesalzenem Wasser bissfest kochen. Abseihen, pürieren und mit etwas Zitronensaft verrühren. Agar-Agar im Wasser auflösen und 5 Minuten köcheln lassen. Anschließend mit dem Spargelpüree und dem Joghurt zusammen gut verrühren. Die Sahne mit dem Sahnesteif cremig aufschlagen und mit Zucker, Muskat, Pfeffer und Salz zusammen unter die Spargel-Joghurt-Masse rühren. In eine flache Schüssel füllen und im Kühlschrank fest werden lassen.

3. Für das Erbsenmus die Frühlingszwiebeln klein schneiden und in Öl anschwitzen. Die Erbsen in kochendes Wasser geben und kurz blanchieren. Durch ein Sieb abgießen und eiskalt abspülen (so bleibt die leuchtend grüne Farbe erhalten). Die Erbsen zusammen mit den Frühlingszwiebeln, den Gewürzen, den Kräutern und der Reismilch in ein hohes Gefäß geben und pürieren.

4. Aus der Spargel-Joghurt-Masse mit einem kleinen Löffel Gnocchi ausstechen und diese mit dem Erbsenpüree zusammen anrichten. Nach Belieben mit Dill und Erbsen garnieren.

KÜRBISSÜLZCHEN MIT KRAUTSALAT

ZUTATEN

Gemüsebrühe (300 ml):
1 Karotte
½ Petersilienwurzel
½ Sellerieknolle
½ Stange Lauch
1 Zwiebel mit Schale, gewaschen
500 ml Wasser
etwas Salz

Kürbissülzchen:
600 g Hokkaido oder Butternusskürbis
2 EL Olivenöl
1 TL Zucker
1 TL Salz

10 g Agar-Agar
100 ml Weißwein

Krautsalat:
1 kleiner Weißkohl
1 TL Kümmel, ganz
3 EL Apfelessig
3 EL Maiskernöl
2 EL Kürbiskernöl
Salz, Pfeffer

ZUBEREITUNGSZEIT

1 Stunde + 2 Std. Kühlzeit

NÄHRWERTE pro Portion

kcal	kJ	Eiweiß	Fett	Kohlenhyd.
290	1220	6 g	19 g	18 g

1. Für die Gemüsebrühe die Karotte, die Petersilienwurzel, die Sellerieknolle und den Lauch waschen und putzen und zusammen mit der halbierten ungeschälten Zwiebel und dem kalten Wasser in einem Topf zum Kochen bringen. Nach dem Aufkochen ca. 45 Minuten köcheln lassen. Abseihen und mit etwas Salz abschmecken.

2. Den Backofen auf 200 °C vorheizen. Für die Sülze den Kürbis schälen, halbieren und entkernen und in etwa 3 mm dicke Streifen schneiden. Auf ein mit Backpapier belegtes Backblech legen, mit Olivenöl bestreichen und mit Zucker und Salz bestreuen. Für 15 Minuten in den Backofen schieben. Auskühlen lassen.

3. 100 ml der Gemüsebrühe in eine kleine Schüssel geben. Das Agar-Agar gut einrühren und 5 Minuten quellen lassen. Die restliche Brühe mit dem Wein verrühren und in einem Topf zum Kochen bringen, dann das gequollene Agar-Agar einrühren und unter Rühren 5 Minuten köcheln lassen. Vom Herd nehmen und weiterhin gelegentlich durchrühren, um ein vorzeitiges Gelieren zu verhindern.

4. Eine Kastenform mit Frischhaltefolie auskleiden. Die angedickte Brühe 0,5 cm hoch einfüllen und etwas fest werden lassen. Mit einer geschlossenen Lage Kürbisstreifen belegen. Dies schichtweise wiederholen, bis die Form gefüllt ist. Dickt die Brühe beim Einschichten zu stark ein, kurz erwärmen. Mit Folie bedecken und für mindestens 2 Stunden in den Kühlschrank stellen.

5. Für den Krautsalat die Blätter vom Strunk schneiden und waschen, dann trocken schütteln, aufrollen und in feine Streifen schneiden. Aus den restlichen Zutaten eine Marinade zubereiten und mit dem Kraut vermengen.

6. Die Sülze auf einen Teller stürzen und in 1 cm dicke Scheiben schneiden. Mit dem Salat anrichten.

HAUPTSPEISEN

CANNELLONI

MIT SPINATFÜLLUNG UND KRÄUTER-BÉCHAMEL

ZUTATEN

Teig:
300 g Weizenmehl
1½ TL Salz
2 EL Olivenöl
150 ml lauwarmes Wasser

Füllung:
500 g Blattspinat
3 Knoblauchzehen
4 Frühlingszwiebeln
10 getrocknete Tomaten in Öl
2 EL des Tomaten-Öls
100 ml Weißwein
100 g Pinienkerne
1 Prise Muskat, gemahlen
Salz, Pfeffer

Béchamelsauce:
400 ml Béchamelsauce
(siehe Rezept Seite 14)
1 Bund Schnittlauch
etwas Olivenöl für die Form

ZUBEREITUNGSZEIT

60 Min.

NÄHRWERTE pro Portion

kcal	kJ	Eiweiß	Fett	Kohlenhyd.
690	2870	21 g	34 g	68 g

1. Das Mehl auf ein Backbrett sieben, Salz dazugeben, in die Mitte eine Mulde drücken und langsam das Öl mit dem Wasser hineingießen. Rasch zu einem Teig verkneten. Den Teig etwa 10 Minuten lang mit den Handballen bearbeiten und die Teigkugel anschließend zehnmal auf das Backbrett schlagen. Einen erwärmten kleinen Topf über die Teigkugel stülpen. Anschließend 15 Minuten so ruhen lassen.

2. Den Teig auf einer gut bemehlten Arbeitsfläche dünn ausrollen und etwas trocknen lassen. Mit einem scharfen Messer in Teigquadrate von ca. 8 cm Seitenlänge schneiden.

3. Die Teigstücke portionsweise in heißem, gesalzenem Wasser kurz kochen lassen, bis sie al dente sind und an die Oberfläche steigen. Herausnehmen, abtropfen lassen und nebeneinander auf ein feuchtes Tuch legen.

4. Den Blattspinat waschen, den Knoblauch schälen und hacken. Die Frühlingszwiebeln putzen und in Ringe schneiden. Die getrockneten Tomaten in Streifen schneiden. Das Tomatenöl in einer Bratpfanne erhitzen und die Tomaten, den Knoblauch und die Zwiebelringe darin anbraten. Den Spinat dazugeben und mitbraten lassen, bis er zusammenfällt. Mit Weißwein aufgießen, die Pinienkerne dazugeben und mit Muskat, Salz und Pfeffer würzen.

5. Die Béchamelsauce nach Rezept zubereiten. Den Schnittlauch in Röllchen schneiden und in die Sauce einrühren.

6. Jeweils ein Teigblatt mit 2 EL der Füllung belegen, zusammenrollen und mit der Wickel-Kante nach unten in eine Auflaufform legen. Mit der Béchamelsauce übergießen und im Backofen mit der Grillfunktion bräunen. Rasch servieren.

MINI-VOLLKORNPIZZA

MIT PILZEN UND BIRNEN

Die Pizza hat eine lange Tradition, die vermutlich bereits im 6. Jahrhundert v. Chr. im persischen Reich ihren Anfang nahm. Über Griechenland brachten die Etrusker die dünnen Teigfladen nach Italien. Besonders in Neapel backten hauptsächlich ärmere Menschen ihre Pizza auf heißen Marmorplatten. Als amerikanische Soldaten nach dem Zweiten Weltkrieg die Pizza nach Amerika brachten, begann ihr endgültiger Siegeszug.

ZUTATEN

400 g Dinkelvollkornmehl
1 Pckg. Trockenhefe, vegan
2 TL Salz
3 EL Olivenöl
250 ml lauwarmes Wasser
250 ml Hafer-Sahne
1 mittelgroße, rote Zwiebel
2 Birnen
250 g Champignons
jeweils 1 TL Oregano, Thymian und Rosmarin, frisch
(oder jeweils ½ TL getrocknet)
20 schwarze Oliven
2 EL Olivenöl
etwas Salz und Pfeffer

ZUBEREITUNGSZEIT

40 Min. + 1 Std. Ruhezeit

NÄHRWERTE pro Portion

kcal	kJ	Eiweiß	Fett	Kohlenhyd.
580	2410	17 g	20 g	82 g

1. Das Mehl mit Hefe und Salz mischen und mit Wasser und Olivenöl zu einem geschmeidigen Teig verkneten. Den Teig in eine Schüssel geben, mit einem Tuch bedecken und an einem warmen Ort 1 Stunde gehen lassen.

2. Den Teig auf einem bemehlten Backbrett nochmals durchkneten und in vier Portionen teilen. Diese jeweils zu einem dünnen, ovalen Fladen ausrollen. Auf ein mit Backpapier ausgelegtes Backblech legen, mit einer Gabel mehrmals einstechen und mit Hafer-Sahne bestreichen.

3. Die Zwiebel schälen und in feine Ringe schneiden. Die Birnen waschen, entkernen und in dünne Spalten schneiden. Die Champignons putzen und der Länge nach in feine Scheiben schneiden. Die Kräuter fein hacken.

4. Den Backofen auf 220 °C Ober-/Unterhitze vorheizen. Die Fladen gleichmäßig mit Zwiebel, Birnen, Champignons und Oliven belegen. Mit den Kräutern bestreuen, Olivenöl darüberträufeln und etwas salzen und pfeffern.

5. Im Backofen auf mittlerer Schiene ca. 10–15 Minuten goldbraun backen.

FRITTIERTER

RADICCHIO UND CHICORÉE

MIT PIKANTEM DIP

ZUTATEN

Dip:
60 g Weißbrot ohne Rinde
60 ml Weißweinessig
30 ml Maiskeimöl
30 ml Olivenöl
(alternativ Erdnussöl)
2 Essiggurken, fein gehackt
½ Apfel, fein gehackt
1 EL Schnittlauchringe
1 TL Senf
Salz, Pfeffer

Radicchio:
4 EL Mehl
2 EL Kichererbsenmehl
4 EL Maisstärke
250 ml Wasser
1 TL Salz
250 g Paniermehl
250 ml Öl zum Frittieren

2 kleine feste Köpfe Radicchio
2 Chicorée

ZUBEREITUNGSZEIT

40 Min.

NÄHRWERTE pro Portion

kcal	kJ	Eiweiß	Fett	Kohlenhyd.
740	3140	8 g	56 g	52 g

1. Für den Dip das Weißbrot zerkrümeln, in Essig einweichen, ausdrücken und mit dem Stabmixer pürieren. Das Öl unter ständigem Pürieren langsam über einen Teelöffel einfließen lassen, bis die Masse eine cremige Konsistenz erreicht. Anschließend die übrigen Zutaten unterrühren und mit Salz und Pfeffer abschmecken. Kalt stellen.

2. Für die Panade drei Teller vorbereiten: Auf den ersten das Mehl geben, auf dem zweiten Kichererbsenmehl und Maisstärke mit Wasser und Salz verrühren und auf den dritten Teller das Paniermehl geben.

3. Vier Raddichioblätter abziehen und beiseitelegen. Den übrigen Radicchio und Chicorée waschen, ohne sie zu zerteilen. Dann vorsichtig trocken schütteln und der Länge nach halbieren.

4. Nacheinander jede der Hälften zunächst im Mehl, dann im Stärke-Seim und abschließend im Paniermehl wälzen.

5. Das Frittieröl in einer Bratpfanne erhitzen und die Hälften darin knusprig braun frittieren.

6. Zum Abtropfen auf Küchenpapier legen und anschließend mit dem Dip und den übrigen vier Raddicchioblättern auf vier Tellern anrichten.

MANDELRISOTTO

MIT KARAMELLISIERTEN TRAUBEN

ZUTATEN

500 ml Reismilch
1 Prise Salz
280 g Rundkornreis

Mandelpudding:
500 ml Sojamilch
4 gestr. EL Maisstärke
2 EL Zucker
1 Pckg. Vanillezucker
4 EL Mandeln, gemahlen

Karamellisierte Trauben:
300 g weiße Trauben
300 g blaue Trauben
3 EL Zucker

Mandelrisotto:
2 EL Rosinen
1 EL Zitronensaft
3 EL Mandelstifte
1 TL Zimt
2 EL Agavendicksaft

20 g Mandelblättchen

etwas Margarine für die Form
einige frische Trauben
für die Garnitur

ZUBEREITUNGSZEIT

45 Min.

NÄHRWERTE pro Portion

kcal	kJ	Eiweiß	Fett	Kohlenhyd.
680	2830	16 g	16 g	116 g

1. Die Reismilch mit einer Prise Salz zum Kochen bringen, den Reis waschen und dann einstreuen, umrühren und bei niedriger Hitze bissfest garen. Den Reis auskühlen lassen.

2. Für den Mandelpudding die Sojamilch in einem hohen Topf erhitzen. Sobald die Milch lauwarm ist, 125 ml davon abschöpfen und in einer Tasse mit der Maisstärke verrühren. Die restliche Milch aufkochen lassen und die Stärkemischung mit einem Schneebesen einrühren. Die Puddingmasse unter ständigem Rühren 3 Minuten köcheln lassen, bis sie eindickt. Mit Zucker und Vanillezucker abschmecken. In eine Schüssel füllen, etwas auskühlen lassen und die gemahlenen Mandeln einrühren. Während des Erkaltens den Pudding gelegentlich umrühren.

3. Für die karamellisierten Trauben einen Bogen Backpapier vorbereiten. Die Trauben waschen. Den Zucker in einer Pfanne schmelzen lassen. Sobald der Zucker flüssig und goldgelb wird, die Trauben darin schwenken und unter behutsamem Wenden karamellisieren. Die Trauben auf das Backpapier geben und mit einer Gabel voneinander trennen. Den Backofen auf 170 °C Ober-/Unterhitze vorheizen.

4. Für das Mandelrisotto den Reis mit Rosinen, Zitronensaft, Mandelstiften, Zimt und Agavendicksaft vermengen. Eine Auflaufform (ca. 24 x 22 cm) mit etwas Margarine einfetten. Eine Schicht Reis einfüllen und mit einem Löffel fest in die Form drücken. Eine Schicht Mandelpudding darüber geben, glatt streichen und ein Drittel der karamellisierten Trauben darauf verteilen. Auf diese Weise je zwei weitere Schichten übereinander einfüllen und abschließend mit den Mandelblättchen bestreuen.

5. Im Backofen auf mittlerer Schiene ca. 25 Minuten backen, bis die Oberfläche leicht gebräunt ist. Vor dem Servieren etwas abkühlen lassen und mit den frischen Trauben garnieren.

SPARGELRISOTTO

ZUTATEN

800 g grüner Spargel
1000 ml Wasser
2 TL Salz
1 Prise Zucker
1 EL Zitronensaft

Spargelstreifen:
4 Stangen Spargel
50 ml Zitronensaft
6 EL Olivenöl
1 TL Agavendicksaft
Salz, Pfeffer

Risotto:
2 Knoblauchzehen
4 Frühlingszwiebeln
4 EL hochwertige
Margarine, gut gekühlt
300 g Risotto-Reis
150 ml Weißwein
2 EL veganer Parmesan
(siehe Rezept S. 18)

schwarzer Pfeffer,
frisch gemahlen für die Garnitur

ZUBEREITUNGSZEIT

40 Min.

NÄHRWERTE pro Portion

kcal	kJ	Eiweiß	Fett	Kohlenhyd.
580	2430	12 g	27 g	64 g

1. Den Spargel waschen und schälen (die Schalen aufbewahren), die holzigen Enden entfernen und die Stangen halbieren. Das Wasser mit Salz, Zucker, Zitronensaft und den Spargelschalen aufkochen. Nach 5 Minuten die Hitze reduzieren und die halbierten Spargelstangen 5 Minuten garen. Spargel mit einem Schöpflöffel herausnehmen, in eiskaltes Wasser tauchen und auf ein Schneidebrett legen. Das Spargelwasser in einen Behälter abseihen und eventuell nachsalzen.

2. Die Stangen für die Spargelstreifen waschen und schälen. Die Spitzen (2 cm) abschneiden und beiseitelegen, die holzigen Stangenenden entfernen. Die Stangen mit einem Sparschäler in lange, dünne Streifen schneiden. Den Zitronensaft mit Olivenöl und Agavendicksaft verrühren, mit Salz und Pfeffer abschmecken. Die Spargelstreifen und die Spitzen darin marinieren.

3. Für das Risotto den Knoblauch schälen, die Frühlingszwiebeln waschen und putzen und beides in dünne Scheiben schneiden. 2 EL Margarine in einer Bratpfanne erhitzen, den Knoblauch und die Zwiebeln darin anbraten und den Reis dazugeben. Sobald der Reis glasig ist, mit Weißwein ablöschen. Die Hitze verringern, den Wein etwas eindampfen lassen und ein wenig von dem Spargelwasser einrühren. Köcheln lassen, bis der Reis die Flüssigkeit aufgenommen hat, dann nach und nach das restliche Spargelwasser hinzugeben.

4. Die Spargelstangen in ca. ½ cm breite Stücke schneiden und nach etwa 20 Minuten unter den Reis mischen und mitköcheln lassen.

5. Den veganen Parmesan mit 2 EL kalter Margarine in das Spargelrisotto einrühren. Auf Tellern anrichten, mit den marinierten Spargelspänen und je einer Spargelspitze dekorieren. Mit frisch gemahlenem Pfeffer bestreuen.

ZUCCHINI-RÖLLCHEN

MIT HIRSE IN TOMATENSAUCE

ZUTATEN

Zucchini-Röllchen:
150 g Hirse
reichlich Wasser
1 TL Salz

4 EL Pinienkerne
1 Bund Petersilie
4 Frühlingszwiebeln
4 EL Pistazienkerne
4 Knoblauchzehen
3 EL Paniermehl
1 EL Maisstärke
3 mittelgroße Zucchini, möglichst gerade gewachsen
2 EL Olivenöl
Salz, Pfeffer
Zahnstocher

Tomatensauce:
4 Knoblauchzehen
2 EL Öl
800 g Tomatensauce
(siehe Rezept Seite 12)
2 EL Tomatenmark
2 TL Maisstärke
100 ml Wasser
Salz, Pfeffer
1 TL Agavendicksaft

ZUBEREITUNGSZEIT

45 Min.

NÄHRWERTE pro Portion

kcal	kJ	Eiweiß	Fett	Kohlenhyd.
440	1830	14 g	20 g	49 g

1. Die Hirse gemäß der Anleitung auf der Verpackung in gesalzenem Wasser zubereiten.

2. Die Pinienkerne in einer beschichteten Pfanne ohne Öl leicht anbräunen. Petersilie und Frühlingszwiebeln waschen und klein schneiden, Pistazien- und Pinienkerne grob hacken. Knoblauch schälen und fein hacken. Alles mit der Hirse vermischen und Paniermehl und Maisstärke untermischen. Mit Pfeffer würzen.

3. Die Zucchini waschen, trocken tupfen und mit einem scharfen Messer der Länge nach in dünne Streifen schneiden. Das Olivenöl in einer Bratpfanne erhitzen. Die Zucchinistreifen portionsweise beidseitig darin anbraten und auf Küchenpapier abtropfen lassen.

4. Für die Tomatensauce den Knoblauch schälen und fein hacken. Das Öl in einer Pfanne erhitzen, den Knoblauch darin anbraten, die Tomatensauce dazugeben und bei reduzierter Hitze unter häufigem Umrühren etwas einkochen lassen. Das Tomatenmark einrühren. Die Maisstärke mit Wasser anrühren und ebenfalls dazugeben. Kräftig durchrühren und mit Salz, Pfeffer und Agavendicksaft abschmecken.

5. Den Backofen auf 200 °C Ober-/Unterhitze vorheizen.

6. Jeweils einen gehäuften Esslöffel der Hirsemischung auf die Zucchinistreifen geben, einrollen und die Enden mit je einem Zahnstocher feststecken.

7. Die Tomatensauce je nach gewünschter Konsistenz mit etwas Wasser verdünnen. In eine Auflaufform gießen und die Zucchiniröllchen vorsichtig einschichten. Auf der mittleren Schiene des Backofens etwa 10 Minuten bräunen.

PIZZA

MIT KRÄUTERPESTO UND FRISCHKÄSE

ZUTATEN

Teig:
250 g Weizenmehl
1 Pckg. Trockenhefe, vegan
2 TL Salz
1 Prise Zucker
2 EL Olivenöl
ca. 130 ml lauwarmes Wasser

Kräuterpesto:
8 EL gemischte Kräuter, frisch (z. B. Petersilie, Kerbel, Oregano, Basilikum)
1 Knoblauchzehe
1 Schalotte
1 EL Kapern
3 Essiggurken, süß-sauer
2 EL Pinienkerne
1 Chilischote, entkernt
2 EL Olivenöl
1 EL Balsamicoessig

1 Portion Frischkäse
(siehe Rezept Seite 14)

500 g Kirschtomaten

1–2 Stängel Basilikum für die Garnitur

ZUBEREITUNGSZEIT

30 Min. + 1 Std. Ruhezeit + Backzeit

NÄHRWERTE pro Portion

kcal	kJ	Eiweiß	Fett	Kohlenhyd.
360	1510	10 g	13 g	51 g

1. Für den Teig das Mehl in einer Schüssel mit Hefe, Salz und Zucker vermischen, Öl und Wasser langsam hinzugeben und alles verkneten. Den Teig anschließend mit dem Knethaken des Handmixers ca. 10 Minuten kneten. Zugedeckt an einem warmen Ort etwa eine Stunde gehen lassen. In der Zwischenzeit für das Pesto die Kräuter waschen, trocken schütteln und hacken. Den Knoblauch und die Schalotte schälen und zusammen mit den Kapern, Essiggurken, Pinienkernen und der Chilischote fein zerkleinern. Die Pesto-Zutaten mit Essig und Öl in ein hohes Mixgefäß geben und mit dem Stabmixer pürieren, dann salzen und pfeffern.

2. Die Tomaten waschen und in Scheiben schneiden.

3. Den Frischkäse gemäß Rezept zubereiten.

4. Den Backofen auf 260 °C Ober-/Unterhitze vorheizen. Den Pizzateig teilen, auf einem bemehlten Küchenbrett zu dünnen Pizzaböden ausrollen und auf zwei mit Backpapier belegte Backbleche legen. Mit Pesto bestreichen, mit den Tomatenscheiben belegen und den Frischkäse darüber verteilen. Die Bleche nacheinander im Backofen auf der mittleren Schiene 10–15 Minuten backen, bis die Pizzen gebräunt und knusprig sind. Mit Basilikumblättern garniert servieren.

Tipp

Dieser Pizzaboden kann natürlich auch klassisch mit passierten Tomaten, verschiedenen Pilzen, Oliven, Kapern, Zwiebeln und Sojakäse belegt werden.

APRIKOSENKNÖDEL

ZUTATEN

600 g Kartoffeln, mehligkochend
175 g Mehl
75 g Grieß
1½ TL Salz
2–3 EL Sojacuisine

16 Aprikosen
16 Stück Würfelzucker (optional)
1,5 l Wasser
½ TL Salz
80 g hochwertige Margarine
160 g Paniermehl
40 g Puderzucker
2 TL Zimt
Puderzucker zum Bestäuben

ZUBEREITUNGSZEIT

45 Min.

NÄHRWERTE pro Portion

kcal	kJ	Eiweiß	Fett	Kohlen-hyd.
780	3280	15 g	19 g	136 g

1. Die Kartoffeln in leicht gesalzenem Wasser bissfest kochen, pellen und heiß durch die Kartoffelpresse drücken.

2. Mit Mehl, Grieß, Salz und Sojacuisine zu einem Teig kneten.

3. Die Aprikosen entsteinen und in jede ein Stück Würfelzucker stecken.

4. Den Teig auf einem bemehlten Backbrett zu einer 5 cm dicken Rolle formen und in 16 Stücke teilen. Jeweils ein Teigstück in die geöffnete Handfläche legen und mit den Fingern der anderen Hand etwas flach drücken. Eine Aprikose hineinlegen, mit dem Teig ummanteln und zu einem Knödel formen.

5. Wasser mit dem Salz in einem großen Topf aufkochen, die Knödel dazugeben und bei geringer Hitze köcheln lassen, bis die Knödel an die Oberfläche steigen.

6. Unterdessen die Margarine in einer beschichteten Pfanne schmelzen lassen. Paniermehl, Puderzucker und Zimt einrühren und bei geringer Hitze leicht anrösten.

7. Die Knödel aus dem Wasser heben und in den Zimt-Zuckerbröseln wälzen, sodass sie rundum gut bedeckt sind. Auf vorgewärmten Tellern servieren und mit Puderzucker bestäuben.

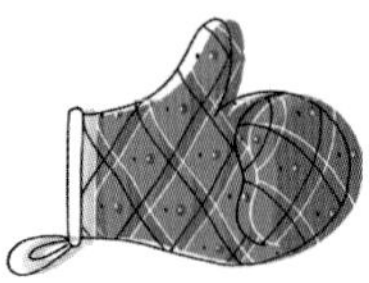

Tipp

Die Knödel schmecken auch wunderbar mit Pflaumen oder Erdbeeren.

HACKBRATEN

MIT RÖSTKARTOFFELN

ZUTATEN

Braten:
300 g Linsen aus der Dose
300 g Kichererbsen aus der Dose
6 Reiswaffeln
2 Zwiebeln
5 Knoblauchzehen
50 g Dinkelvollkornmehl
30 g Stärkemehl
2 TL Majoran, getrocknet
1 TL Thymian, getrocknet
1 TL Bohnenkraut, getrocknet
2 TL Paprikapulver, edelsüß
2 EL Tomatenmark (optional)
Salz, Pfeffer
4 EL Öl zum Anbraten
250 ml Gemüsebrühe

4 Möhren
2 Zwiebeln

Röstkartoffeln:
800 g Kartoffeln, festkochend
Salz, Pfeffer
2 Zwiebeln
4 EL Pflanzenöl zum Rösten

ZUBEREITUNGSZEIT

90 Min.

NÄHRWERTE pro Portion

kcal	kJ	Eiweiß	Fett	Kohlen-hyd.
750	3140	23 g	25 g	105 g

1. Für den Braten die Linsen und die Kichererbsen mit kaltem Wasser abbrausen und abtropfen lassen. Die Reiswaffeln grob zerkrümeln. Zwiebeln und Knoblauch schälen und klein würfeln. Das Dinkelvollkornmehl mit dem Stärkemehl vermischen. Alles mit den Kräutern und Gewürzen durchkneten und mit Salz und Pfeffer abschmecken. Die Masse halbieren und mit nassen Händen aus beiden Hälften je einen ovalen Laib formen.

2. Das Öl in einer großen Bratpfanne erhitzen und die Bratenstücke darin rundum knusprig anbraten. Den Backofen auf 250 °C Ober-/Unterhitze vorheizen. Die Möhren und Zwiebeln schälen und längs halbieren bzw. vierteln. Die Bratenstücke in eine Auflaufform legen und auf mittlerer Schiene etwa 45–60 Minuten garen. Nach der Hälfte der Zeit die Gemüsestücke dazugeben. Zwischendurch einige Esslöffel der Gemüsebrühe über die Bratenstücke gießen, bis sie eine braune Kruste bekommen.

3. In der Zwischenzeit die Kartoffeln in einen Kochtopf mit leicht gesalzenem Wasser bissfest garen. Das Wasser abgießen und die Kartoffeln abkühlen lassen.

4. Die Zwiebeln schälen und in Ringe schneiden. Die abgekühlten Kartoffeln pellen und in Scheiben schneiden.

5. Das Öl in einer Bratpfanne erhitzen und die Zwiebelringe darin anbraten. Die Kartoffelscheiben dazugeben und bei reduzierter Hitze braten, bis sie knusprig braun sind. Mit Salz und Pfeffer abschmecken.

6. Braten und Kartoffeln auf Tellern anrichten und mit dem Schmorgemüse garnieren.

KOHLRABI-SCHNITZEL WIENER ART

MIT KARTOFFELSALAT

ZUTATEN

Schnitzel:
2–3 Kohlrabi
Salz
3 Knoblauchzehen
3 EL Kichererbsenmehl
200 ml Wasser
150 g Paniermehl
250 ml Rapsöl zum Frittieren

Salat:
1 kg Kartoffeln, festkochend
½ Bund Petersilie
1 kleine Zwiebel
4 EL Apfelessig
8 EL Sonnenblumenöl
Salz, Pfeffer
etwas Wasser nach Bedarf
4 Handvoll Feldsalat
1 Zitrone, in Spalten geschnitten

ZUBEREITUNGSZEIT

45 Min.

NÄHRWERTE pro Portion

kcal	kJ	Eiweiß	Fett	Kohlen-hyd.
800	3350	14 g	46 g	78 g

1. Die Kohlrabi schälen, in 1 cm dicke Scheiben schneiden und salzen. Den Knoblauch schälen und pressen und die Kohlrabischeiben damit einreiben.

2. Das Kichererbsenmehl in einem Suppenteller mit dem Wasser verrühren. Das Paniermehl auf einen zweiten Teller geben. Die Kohlrabischeiben durch die Kichererbsen-Masse ziehen, dann im Paniermehl wenden. Das Öl erhitzen und die Schnitzel darin goldbraun frittieren.

3. Die Kartoffeln in kaltes, gesalzenes Wasser geben und zugedeckt kochen, bis sie bissfest sind. Mit kaltem Wasser abschrecken, pellen, auskühlen lassen und dann in Scheiben schneiden. Die Petersilie waschen und fein hacken, die Zwiebel schälen und in Ringe schneiden. Aus Essig, Öl, Salz und Pfeffer eine Marinade zubereiten und mit den Kartoffeln vermischen. Den Feldsalat waschen, trocken schütteln und mit dem Kartoffelsalat vermengen.

4. Die Schnitzel mit Zitronenspalten garnieren und mit dem Kartoffelsalat servieren.

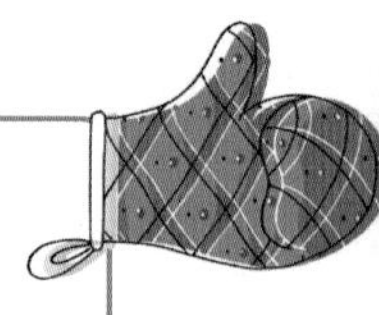

Tipp

Der Salat bekommt eine besondere Note, wenn das Sonnenblumenöl durch Kürbiskernöl ersetzt wird.

BULETTEN MIT KARTOFFELPÜREE

ZUTATEN

Buletten:
250 g Dinkel, schnellkochend
1 Zwiebel
1 EL Zucker
4 Knoblauchzehen
2 EL Maisstärke
3 EL Paniermehl
1 Bund Kräuter, gemischt
Salz, Pfeffer
4 EL Öl zum Braten

Püree:
600 g Kartoffeln, mehligkochend
150 ml Sojamilch
50 g hochwertige Margarine
Salz
3 Zwiebeln
2 EL Öl

ZUBEREITUNGSZEIT

1 Stunde

NÄHRWERTE pro Portion

kcal	kJ	Eiweiß	Fett	Kohlenhyd.
630	2620	17 g	27 g	78 g

1. Die Zwiebeln für das Püree in feine Ringe schneiden und in dem Öl bei sehr geringer Hitze etwa eine Stunde lang mit dem Zucker karamellisieren lassen.

2. Für die Buletten den Dinkel in leicht gesalzenem Wasser bissfest garen, überschüssiges Kochwasser abgießen. Die Zwiebel und den Knoblauch schälen und klein würfeln. Die Kräuter waschen und fein hacken. Mit den übrigen Zutaten zu einem Teig verkneten, gegebenenfalls mit etwas Mehl binden. Aus dem Teig mit nassen Händen Buletten formen.

3. In einer Bratpfanne das Öl erhitzen und die Buletten darin anbraten, dann bei reduzierter Hitze rundum knusprig braten. Warm stellen.

4. Die Kartoffeln in leicht gesalzenem Wasser bissfest garen, pellen und mit einer Gabel zerdrücken. Die Sojamilch erhitzen und zusammen mit den Kartoffeln, der Margarine und dem Salz mit dem Handmixer zu einem geschmeidigen Püree mixen.

5. Die Buletten mit dem Kartoffelpüree und den karamellisierten Zwiebelringen anrichten.

AUBERGINEN-KICHERERBSENCURRY

MIT DUFTREIS

ZUTATEN

700 g Auberginen
160 g Bambusstreifen aus der Dose
500 g Kichererbsen aus der Dose
1 Zwiebel
2 Knoblauchzehen
2 Tassen Duftreis
3 Tassen Wasser
1 TL Salz
3 EL Rapsöl
1 TL Ingwer, gehackt
400 ml Kokosmilch, ungesüßt
2 TL Currypaste, rot
3 EL Sonnenblumenkerne
Salz, Pfeffer
1 Bund Petersilie, gehackt
2 Handvoll Rotkohl, geschnitten

Petersilienblätter für die Garnitur

ZUBEREITUNGSZEIT

35 Min.

NÄHRWERTE pro Portion

kcal	kJ	Eiweiß	Fett	Kohlenhyd.
540	2260	19 g	14 g	82 g

1. Die Auberginen waschen, putzen und in fingerdicke Würfel schneiden. Die Bambusstreifen und Kichererbsen in ein Sieb geben und abtropfen lassen. Die Zwiebel und den Knoblauch schälen und hacken.

2. Den Duftreis waschen. Das Wasser mit Salz zum Kochen bringen, den Reis einrühren, kurz aufkochen und dann auf niedrigster Temperatur im geschlossenen Topf etwa 10 Minuten quellen lassen.

3. Das Rapsöl im Wok erhitzen, Zwiebel, Ingwer und Knoblauch darin anbraten. Auberginen, Bambusstreifen und Kichererbsen dazugeben und 5 Minuten braten. Mit der Kokosmilch aufgießen. Die Currypaste und die Sonnenblumenkerne unterrühren. Dann weitere 5 Minuten auf kleiner Hitze köcheln lassen. Mit Salz und Pfeffer abschmecken und zuletzt die Petersilie untermischen.

4. Zum Anrichten das Curry auf vier Schälchen verteilen, den Rotkohl darübergeben und mit der Petersilie garnieren. Den Reis dazu reichen.

FRÜHLINGSROLLEN

ca. 20 Stück

ZUTATEN

Teig:
250 g Auszugsmehl, Weizen oder Dinkel
1 Prise Salz
125 ml lauwarmes Wasser
2 EL Maiskeimöl

Füllung:
100 g Frühlingszwiebeln
4 EL Maiskeimöl
100 g Bambussprossen aus der Dose
150 g Sojasprossen aus der Dose
150 g Karotten
20 g Ingwer
2 EL Sojasauce
etwas Sweet Chili-Sauce
etwas Koriander, gemahlen
Öl zum Bestreichen

etwas Sojasauce zum Dippen

ZUBEREITUNGSZEIT

40 Min. + 30 Min. Ruhezeit + Backzeit

NÄHRWERTE pro Portion

kcal	kJ	Eiweiß	Fett	Kohlenhyd.
400	1670	10 g	17 g	52 g

1. Das Mehl auf die Arbeitsfläche sieben. Mit Salz, Wasser und Maiskeimöl verkneten. Den Teig immer wieder auf die Arbeitsfläche schlagen, damit er schön geschmeidig wird. Eine Kugel daraus formen, mit etwas Öl bestreichen und 30 Minuten unter einem warmen Kochtopf ruhen lassen.

2. Für die Füllung die Frühlingszwiebeln waschen, in dünne Ringe schneiden und in einer Pfanne mit Maiskeimöl anschwitzen.

3. Bambus- und Sojasprossen in einem Sieb abtropfen lassen. Die Karotten schälen und stifteln. Den Ingwer schälen und fein hacken. Bambus- und Sojasprossen, Karotten und Ingwer zu den Frühlingszwiebeln geben und kurz anbraten.

4. Mit Sojasauce, Sweet Chili-Sauce und Koriander würzen. Die Füllung abkühlen lassen.

5. Den Strudelteig halbieren und beide Hälften auf einem bemehlten Tuch in die gleiche Größe ziehen. Die Ränder abschneiden und eine der dünnen Teigplatten mit etwas Öl bestreichen. Die andere Platte darauflegen und den zweilagigen Teig in etwa 20 Rechtecke (15 x 12 cm) schneiden. Jeweils 2 EL der Füllung mittig auf die Teigplatten geben, die Seiten einschlagen und die Füllung einrollen. Die Teigkanten mit etwas Öl verschließen. Die Rollen vorsichtig auf ein mit Backpapier belegtes Backblech legen und mit Öl bestreichen. Den Backofen auf 200 °C Ober-/Unterhitze vorheizen und die Frühlingsrollen auf der mittleren Schiene ca. 15–20 Minuten backen. Heiß mit etwas Sojasauce zum Dippen servieren.

Tipp

Wenn es schnell gehen soll, kann auch fertig gekaufter veganer Strudelteig verwendet werden.

GEMÜSELASAGNE

ZUTATEN

2 Karotten
1 mittelgroße Zucchini
1 mittelgroßer Kohlrabi
1 mittelgroßer Fenchel
2 mittelgroße Tomaten
1 mittelgroße Zwiebel
1 Stange Staudensellerie
½ Paprika
2–3 EL Olivenöl
1 TL Oregano
1 TL Basilikum
2 TL Salz
Pfeffer
500 g Tomatensauce
(siehe Rezept Seite 16)
2 EL Tomatenmark

1 Pckg. Lasagneplatten ohne Ei
1000 ml Béchamelsauce
(siehe Rezept Seite 14)
250 g Parmesan
(siehe Rezept Seite 18)

ZUBEREITUNGSZEIT

1 Stunde + ca. 45 Min. für den Sauce und den Parmesan

NÄHRWERTE pro Portion

kcal	kJ	Eiweiß	Fett	Kohlen-hyd.
1200	5020	49 g	53 g	132 g

1. Das Gemüse waschen, putzen, würfeln, im Wok (alternativ in einer großen Pfanne) in Olivenöl anbraten und 10 Minuten auf niedriger Stufe dünsten.

2. Kräuter, Gewürze, Tomatensauce und Tomatenmark gut mit dem Gemüse vermengen.

3. Die Béchamelsauce und den veganen Parmesan gemäß Rezept zubereiten.

4. Eine Auflaufform mit Öl einpinseln und den Boden mit Lasagneplatten auslegen. Ein Drittel der Gemüsefüllung daraufgeben, mit Béchamelsauce bedecken und mit Parmesan bestreuen. Mit Lasagneplatten belegen und zwei weitere Schichten auf diese Weise einfüllen. Mit Béchamelsauce und Parmesan abschließen.

5. Die Lasagne bei 200–220 °C Ober-/Unterhitze auf der zweiten Schiene von unten 20–30 Minuten überbacken. Die oberste Lage sollte schön gebräunt und knusprig sein.

GULASCH MIT POLENTA

ZUTATEN

Gulasch:

700 g Zwiebeln
2 EL Maiskeimöl
¼ Paprika, rot
1 TL Balsamicoessig
2 EL Paprikapulver, edelsüß
1 EL Tomatenmark
1 EL Sweet Chili-Sauce
500 ml Wasser
500 g Seitan
1 TL Kümmel
½ TL Thymian
1 TL Majoran
Salz, Pfeffer
1 kleine Kartoffel

Polenta:

1000 ml Wasser
2 TL Salz
300 g Maisgrieß

ZUBEREITUNGSZEIT

40 Min. + Backzeit

NÄHRWERTE pro Portion

kcal	kJ	Eiweiß	Fett	Kohlenhyd.
550	2280	36 g	9 g	88 g

1. Die Zwiebeln schälen und in dünne Ringe schneiden. Das Maiskeimöl erhitzen und die Zwiebelringe darin bräunen.

2. Die Paprika in Würfel schneiden und zu den Zwiebelringen geben, mit Balsamicoessig ablöschen. Paprikapulver, Tomatenmark und Sweet Chili-Sauce unterrühren und mit dem Wasser aufgießen. Zugedeckt ca. 20 Minuten köcheln lassen.

3. Den Seitan in mundgerechte Stücke schneiden und in die Sauce geben, mit Kümmel, Thymian und Majoran würzen und mit Salz und Pfeffer abschmecken.

4. Zum Binden eine kleine, rohe Kartoffel reiben, unter das Gulasch rühren und ca. 5 Minuten weiter köcheln lassen.

5. Das Wasser mit dem Salz aufkochen. Den Maisgrieß unter ständigem Rühren einrieseln lassen und ca. 20 Minuten bei geringer Hitze köcheln lassen, dabei immer wieder umrühren.

6. Die Polenta und das Gulasch in Schälchen füllen und servieren.

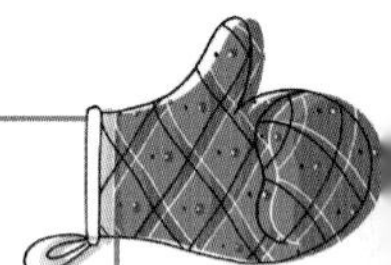

Tipp

Wer die Polenta kross mag, füllt sie in feuerfeste Förmchen und lässt sie im Ofen bei 180 °C kurz anbräunen. Wer sie weicher bevorzugt, gibt beim Köcheln noch etwas mehr Wasser hinzu.

ZUCCHINI-DINKEL-BRATLINGE

MIT KARTOFFELWEDGES UND PAPRIKAGEMÜSE

ZUTATEN

Bratlinge:
200 g Dinkel, schnellkochend
4 Knoblauchzehen
250 g Zucchini
2 TL Basilikum, getrocknet
8 EL Mehl
4 EL Paniermehl
Salz, Pfeffer
8 EL Rapsöl

Wedges:
750 g Kartoffeln
500 ml Frittieröl
Salz

Paprikagemüse:
3 Paprika, rot, gelb, grün
1 Zwiebel
2 Knoblauchzehen
1 EL Olivenöl
4 EL Tomatenmark
2 TL Basilikum, getrocknet
2 TL Salz
Pfeffer

ZUBEREITUNGSZEIT

45 Min.

NÄHRWERTE pro Portion

kcal	kJ	Eiweiß	Fett	Kohlenhyd.
850	3570	19 g	45 g	93 g

1. Den Dinkel gemäß der Anleitung auf der Verpackung zubereiten und anschließend abkühlen lassen.

2. Die Knoblauchzehen schälen und hacken. Die Zucchini waschen und grob raspeln. Den Dinkel mit Knoblauch, Zucchini, Basilikum, 6 EL Mehl, Paniermehl, Salz und Pfeffer verkneten. Mit feuchten Händen flache Buletten formen und diese mit dem restlichen Mehl rundum bestreuen.

3. Für die Wedges die Kartoffeln schälen und in Spalten schneiden.

4. Die Paprika waschen, putzen, halbieren, entkernen und in Streifen schneiden. Die Zwiebel schälen, halbieren und in Scheiben schneiden.

5. Rapsöl in einer Bratpfanne erhitzen und die Bratlinge darin beidseitig goldbraun braten. Anschließend auf Küchenpapier legen und warm stellen.

6. Das Frittieröl für die Kartoffelwedges in einem Topf erhitzen und die Kartoffelspalten portionsweise goldgelb frittieren, auf Küchenpapier legen und abtropfen lassen, danach salzen.

7. Unterdessen für das Paprikagemüse das Olivenöl in einer Pfanne erhitzen. Die Paprikastreifen, die Zwiebelscheiben und den Knoblauch darin anbraten. Das Tomatenmark unterrühren und das Basilikum dazugeben. Salzen und pfeffern und ca. 5 Minuten köcheln lassen.

8. Die Bratlinge mit den Wedges und dem Paprikagemüse anrichten.

PILZBURGER

MIT MUSKATNUSS UND PETERSILIE

ZUTATEN

Brötchen:
250 g Dinkelvollkornmehl
1 TL Salz
½ TL Vollrohrzucker
1 Pckg. Trockenhefe, vegan
50 g Margarine, zerlassen
190 ml Sojamilch, lauwarm
1 TL Kümmel, gemahlen

Knoblauchcreme:
50 g Weißbrot, entrindet
75 ml Sojamilch
5 Knoblauchzehen
75 ml Maiskeimöl
Salz, Pfeffer

Bratlinge:
etwa 8 Blätter Salat nach Wahl
300 g Pilze
2 Schalotten
2 Knoblauchzehen
2 EL Olivenöl
4 EL Petersilie, gehackt
60 g Paniermehl
1 EL Mehl
1 EL Reis-Sahne
etwas Muskat
Salz, Pfeffer
Olivenöl zum Braten
1 Zwiebel

ZUBEREITUNGSZEIT

45 Min. + 1 Std. Ruhezeit
+ 25 Min. Backzeit

NÄHRWERTE pro Portion

kcal	kJ	Eiweiß	Fett	Kohlenhyd.
760	3200	17 g	48 g	67 g

1. Für die Brötchen alle Zutaten vermengen und auf einer bemehlten Arbeitsfläche verkneten. Den Teig in eine Schüssel geben und zugedeckt an einem warmen Ort 30 Minuten gehen lassen. Nochmals durchkneten, eine Teigrolle formen und diese in 4 Stücke teilen. Brötchen formen, auf ein mit Backpapier ausgelegtes Backblech legen und nochmals 30 Minuten gehen lassen. Bei 200 °C Ober-/Unterhitze im vorgeheizten Backofen auf mittlerer Schiene ca. 25 Minuten backen.

2. Für die Knoblauchcreme das Weißbrot in Sojamilch einweichen, den Knoblauch schälen und fein hacken. Alles in ein hohes Gefäß geben und mit dem Pürierstab pürieren. Das Maiskeimöl dabei langsam über einen Löffel einfließen lassen und weiter pürieren. Mit Salz und Pfeffer abschmecken und kühl stellen.

3. Die Salatblätter waschen.

4. Die Pilze abbürsten und in dünne Scheiben schneiden. Die Schalotten und den Knoblauch schälen, fein würfeln und mit den Pilzen kurz in Olivenöl anbraten. Dann mit Petersilie, Paniermehl, Mehl, Reis-Sahne, Muskat, Salz und Pfeffer vermischen und vier Bratlinge aus der Masse formen. In einer Grillpfanne in etwas Öl knusprig braun braten. Die Zwiebel schälen, in Ringe schneiden und kurz in der Pfanne bräunen.

5. Die Brötchen aufschneiden, mit Knoblauchcreme bestreichen, mit jeweils zwei Salatblättern und einem Bratling belegen, die Zwiebelringe daraufgeben und mit den Oberseiten der Brötchen bedecken.

GEFÜLLTE PAPRIKA

ZUTATEN

Paprika:
4 große Paprika, grün
125 g Hirse (1 Tasse)
Gemüsebrühe (2 Tassen)
1 Karotte
1 kleine Zucchini
1 kleine Zwiebel
½ Paprika, rot
½ Stangensellerie
2 EL Olivenöl
1 Bund Basilikum, gehackt
Salz, Pfeffer

Sauce:
1 EL hochwertige Margarine
1 EL Mehl
¼ l Wasser
400 g Tomaten, passiert
1 EL Tomatenmark
3 Knoblauchzehen, gehackt

ZUBEREITUNGSZEIT

ca. 40 Min.

NÄHRWERTE pro Portion

kcal	kJ	Eiweiß	Fett	Kohlenhyd.
300	1270	8 g	11 g	42 g

1. Die Paprika waschen und die Deckel abschneiden. Die Kerne und Trennhäute entfernen. Die Hirse gemäß der Anleitung auf der Verpackung in der Gemüsebrühe kochen.

2. Die Karotte, die Zucchini, die Zwiebel, die rote Paprika und den Stangensellerie fein würfeln und in Olivenöl kurz anbraten. Mit der Hälfte des Basilikums, Salz und Pfeffer abschmecken. Mit der Hirse vermischen und in die Schoten füllen. Die Deckel darauf setzen.

3. Für die Tomatensauce die Margarine schmelzen, das Mehl einrühren und bräunen lassen. Mit Wasser aufgießen und mit dem Schneebesen durchrühren. Passierte Tomaten, Tomatenmark und die gehackten Knoblauchzehen untermengen und 10 Minuten köcheln lassen. Mit dem restlichen Basilikum, Salz und Pfeffer würzen.

4. Den Backofen auf 200 °C Ober-/Unterhitze vorheizen. Tomatensauce in eine ofenfeste Pfanne gießen, die Schoten aufrecht, dicht aneinander in die Sauce stellen. In den Ofen schieben und 20–30 Minuten backen.

FALAFELN
MIT GEGRILLTEN SÜSSKARTOFFELN UND KRÄUTERSAUCE

ZUTATEN

Falafeln:
50 g Sesam
Saft einer Zitrone
½ TL Salz
10 EL Olivenöl
200 g Kichererbsen, vorgekocht
3 Knoblauchzehen, gehackt
1 TL Cumin
etwas Pfeffer
1 Schalotte
1 EL Korianderblätter
1 Bund Petersilie
6 EL Mehl

Süßkartoffeln:
2 große Süßkartoffeln
3 Knoblauchzehen, gehackt
2 EL Agavendicksaft
2 EL Sweet Chili-Sauce
Saft von 2 Zitronen
5 EL Pflanzenöl
Salz, Pfeffer
Petersilie

Kräutersauce:
250 g Sojajoghurt
1 Knoblauchzehe, gehackt
1 Handvoll gemischte Kräuter
Salz, Pfeffer

ZUBEREITUNGSZEIT
45 Min.

NÄHRWERTE pro Portion

kcal	kJ	Eiweiß	Fett	Kohlenhyd.
840	3500	15 g	48 g	84 g

1. Für die Falafeln den Sesam in einer beschichteten Pfanne ohne Öl bräunen. Wenn er anfängt zu duften, abkühlen lassen und mit einem TL Zitronensaft, Salz und 2 EL Olivenöl in einem Mörser zu einer Paste zerstampfen.

2. Die Kichererbsen abgießen und mit dem restlichen Zitronensaft und dem gehackten Knoblauch pürieren. Die Sesampaste unterrühren und mit Cumin und Pfeffer abschmecken. Schalotte, Koriander- und Petersilienblätter fein hacken und mit dem Mehl unter die Falafelmasse heben.

3. Aus der Masse 12 kleine Falafel-Laibchen formen und in Olivenöl von beiden Seiten 5–6 Minuten knusprig braten.

4. In der Zwischenzeit die Süßkartoffeln ungeschält in Salzwasser ca. 10 Minuten kochen und abseihen. Die Kartoffeln schälen und in längliche Scheiben schneiden. Den Knoblauch mit Agavendicksaft, Zitronensaft und Sweet Chili-Sauce verrühren und würzen. Die Kartoffelscheiben mit der Marinade bestreichen, auf ein mit Backpapier ausgelegtes Backblech legen und bei 200 °C Ober-/Unterhitze für etwa 15 Minuten auf der mittleren Schiene backen.

5. Für die Sauce die gehackten Kräuter mit dem Sojajoghurt vermengen. Den Knoblauch mit Salz und Pfeffer unter die Sauce mischen. Mit Thymianzweigen dekorieren.

6. Die Falafeln mit den Süßkartoffeln und der Kräutersauce anrichten.

LINSEN-DAL

ZUTATEN

1 mittelgroße Zwiebel
1 EL Pflanzenöl
3 Knoblauchzehen
1 daumengroßes Stück Ingwer
1 TL Senfsaat
1 Lorbeerblatt
1 TL Garam Masala
1 TL Currypulver
½ TL Kurkuma
½ TL Koriander
½ l Gemüsebrühe
250 g Linsen
200 ml Kokosmilch
½ Zitrone
Salz, Pfeffer

ZUBEREITUNGSZEIT

40 Min.

NÄHRWERTE pro Portion

kcal	kJ	Eiweiß	Fett	Kohlen-hyd.
240	1000	16 g	6 g	74 g

1. Die Zwiebel schälen, klein schneiden und in Pflanzenöl anbraten.

2. Den Knoblauch und den Ingwer schälen, hacken und mit der Senfsaat und den Gewürzen hinzugeben. Ca. 1–2 Minuten mitbraten.

3. Mit der Gemüsebrühe aufgießen, die Linsen hinzugeben und 20–30 Minuten köcheln lassen.

4. Die Kokosmilch hinzufügen und weitere 5–10 Minuten köcheln lassen, bis die Linsen weich sind.

5. Mit Zitrone, Salz und Pfeffer abschmecken.

CHILI SIN CARNE

ZUTATEN

1 Zwiebel
2 Knoblauchzehen
4 EL Pflanzenöl
200 g Räuchertofu
1 Dose Kidneybohnen
1 kleine Dose Mais
4 EL Tomatenmark
2 Tomaten, gewürfelt
1 rote Chilischote
½ TL Cayennepfeffer
2 TL Paprikapulver, rosenscharf
2 TL Paprikapulver, edelsüß
1 TL Basilikum
Salz
1 TL Kakaopulver

ZUBEREITUNGSZEIT

45 Min.

NÄHRWERTE pro Portion

kcal	kJ	Eiweiß	Fett	Kohlenhyd.
350	1450	22 g	15 g	30 g

1. Die Zwiebel und den Knoblauch schälen, klein hacken und im Pflanzenöl anbraten.

2. Den Räuchertofu zerbröseln, hinzugeben und ebenfalls anbraten.

3. Die abgetropften Bohnen und den Mais, das Tomatenmark und die gewürfelten Tomaten hinzugeben. Etwas Wasser hinzufügen und zugedeckt 15 Minuten köcheln lassen, ab und zu umrühren.

4. Die Chilischote entkernen, klein schneiden und mit den anderen Gewürzen hinzugeben, erneut 15 Minuten köcheln lassen und dabei ab und zu umrühren.

5. Mit Salz und Kakaopulver abschmecken und servieren.

FLAMMKUCHEN

ZUTATEN

Teig:

400 g feines Dinkelmehl
1 Pckg. Trockenhefe, vegan
2 TL Salz
200–250 ml Wasser, lauwarm

Belag:

125 g Hafersahne
250 g Tomaten
80 g Zwiebel
100 g schwarze Oliven
80 g Kapern
4 Knoblauchzehen
1 Handvoll italienische Kräuter (Rosmarin, Basilikum, Oregano)
Salz, Pfeffer

ZUBEREITUNGSZEIT

30 Min. + 2 Std. Ruhezeit

NÄHRWERTE pro Portion

kcal	kJ	Eiweiß	Fett	Kohlenhyd.
420	1770	15 g	6 g	74 g

1. Das Mehl, die Trockenhefe und das Salz mischen, nach und nach mit dem Wasser verkneten. An einem warmen Ort zugedeckt in einer Schüssel ca. 2 Stunden gehen lassen.

2. Den Teig durchkneten, ca. 0,5 cm dick ausrollen, auf ein mit Backpapier belegtes Backblech legen und mit einer Gabel mehrmals einstechen. Den Teig bei 230 °C Ober-/Unterhitze ca. 5 Minuten auf mittlerer Schiene vorbacken.

3. Den Teig aus dem Ofen nehmen und die Hafersahne darauf dünn verteilen. Die Tomaten, die Zwiebel, die Oliven und die Kapern klein schneiden und vermengen. Den Knoblauch und die Kräuter fein hacken und dazugeben, mit Salz und Pfeffer abschmecken. Alles gleichmäßig auf dem Flammkuchen verteilen und diesen 10–15 Minuten auf der zweiten Schiene von unten backen.

4. Am Schluss direkt unter dem Grill einige Minuten „abflammen", bis die ersten Zwiebelstückchen dunkel werden.

5. Sofort in Stücke schneiden und servieren.

SPAGHETTI BOLOGNESE

MIT VEGANEM PARMESAN

ZUTATEN

2 mittelgroße Zwiebeln
6 Knoblauchzehen
6 EL Olivenöl
400 g Räuchertofu
250 g Fleischtomaten
250 ml Tomaten, passiert
1 Bund Basilikum
etwas Rotwein
Salz, Pfeffer
500 g Spaghetti (eifrei)
veganer Parmesan
(siehe Rezept Seite 18)

ZUBEREITUNGSZEIT

25 Min.

NÄHRWERTE pro Portion

kcal	kJ	Eiweiß	Fett	Kohlen-hyd.
820	3440	39 g	29 g	98 g

1. Die Zwiebeln und den Knoblauch schälen, hacken und im Olivenöl in einer großen Pfanne anbraten. Den Räuchertofu zerbröseln oder klein würfeln und mit in die Pfanne geben, kurz anbraten und dann die gewürfelten Fleischtomaten hinzugeben.

2. Nach 3–5 Minuten die passierten Tomaten und die Hälfte des gehackten Basilikums hinzugeben. Erneut 5 Minuten köcheln lassen. Einen Schuss Rotwein zu der Sauce geben, mit Salz und Pfeffer abschmecken und kurz umrühren.

3. In der Zwischenzeit die Nudeln gemäß der Anleitung auf der Verpackung al dente kochen und abgießen.

4. Den veganen Parmesan nach Rezept zubereiten.

5. Die fertige Sauce auf den Nudeln verteilen. Mit dem restlichen Basilikum, dem veganen Parmesan und einem Schuss Olivenöl anrichten und servieren.

ZUCCHINISCHNITZEL

IN SESAM-NUSSKRUSTE MIT COUSCOUS

ZUTATEN

Zucchinischnitzel:
15 Nüsse, gemischt
4 EL Sesam
½ EL Pfefferkörner, ganz
2 EL Koriandersamen
3 Zucchini
Salz
etwas Weizenmehl
etwas Sojamilch
Pflanzenöl zum Frittieren

Couscous:
1 EL hochwertige Margarine
250 g Couscous
500 ml Gemüsebrühe
2 Paprika (rot, gelb), fein gewürfelt
½ Bund Basilikum, fein geschnitten
Salz, Pfeffer
1 kleine Chilischote, klein geschnitten

Sauce:
1 kleine Zwiebel
1 EL hochwertige Margarine
1/8 l Weißwein
2 Stangen Zitronengras
1 cm großes Stück Ingwer
¼ l Gemüsebrühe
Salz, Pfeffer

ZUBEREITUNGSZEIT

45 Min.

NÄHRWERTE pro Portion

kcal	kJ	Eiweiß	Fett	Kohlenhyd.
670	2790	16 g	37 g	61 g

1. Für die Zucchinischnitzel die Nüsse und den Sesam, die Pfefferkörner und die die Koriandersamen in einer beschichteten Pfanne ohne Fett rösten und anschließend im Mörser oder der Küchenmaschine zerkleinern.

2. Zucchini in ca. ½ cm dicke Streifen schneiden und salzen. Zuerst im Mehl wenden, dann kurz in die Sojamilch legen. Die feuchten Zucchinistreifen in der Nusspanade wälzen, bis sie vollkommen bedeckt sind. Das Öl in einer Pfanne erhitzen und darin die Zucchinischnitzel goldbraun frittieren.

3. Die Margarine im Topf erhitzen, den Couscous hinzugeben und kurz andünsten. Mit der Gemüsebrühe ablöschen und unter merhmaligem Rühren einige Minuten kochen lassen, bis der Couscous weich ist. Die Paprikawürfel untermengen, zuletzt den Basilikum unterrühren. Mit Salz, Pfeffer und der Chilischote abschmecken.

4. Für die Sauce die Zwiebel klein schneiden, in Margarine anbraten und mit Weißwein aufgießen. Den Ingwer schälen, hacken und mit dem Zitronengras in die Sauce geben. Etwa 5 Minuten köcheln lassen. Gemüsebrühe angießen, salzen, pfeffern und erneut reduzieren lassen, bis die Sauce die gewünschte Konsistenz erreicht hat. Durch ein Sieb passieren, gegebenenfalls mit Salz und Pfeffer abschmecken.

NACHSPEISEN

MANDELMILCHREIS

MIT MARINIERTEN ERDBEEREN

ZUTATEN

Erdbeeren:
250 g Erdbeeren
1 EL Zucker
1 EL Orangenlikör (optional)

Milchreis:
60 g Rundkornreis
500 ml Wasser
250 ml Mandelmilch
½ TL Vanille, gemahlen
1 TL Orangenschale
2 TL Agar-Agar
2 EL Wein oder Apfelsaft
25 g Puderzucker
125 ml Sojasahne, aufschlagbar
1 EL Sahnesteif

Minze und Erdbeeren zum Garnieren

ZUBEREITUNGSZEIT

30 Min. + 4 Std. Kühlzeit

NÄHRWERTE pro Portion

kcal	kJ	Eiweiß	Fett	Kohlenhyd.
190	780	4 g	6 g	26 g

1. Zuerst die Erdbeeren waschen, in kleine Stücke schneiden und mit Zucker und Likör mischen. Ziehen lassen, bis der Reis fertig ist.

2. Den Reis mit kochendem Wasser übergießen, ca. 5 Minuten ziehen lassen und abseihen. Die Mandelmilch mit Vanille und Orangenschale aufkochen, den Reis dazugeben, die Temperatur zurückschalten und langsam köcheln lassen, bis der Reis bissfest ist. Agar-Agar in Wein oder Saft auflösen, mit dem Puderzucker verrühren und unter den heißen Reis mengen. Etwas auskühlen lassen, dann die mit Sahnesteif aufgeschlagene Sojasahne unterheben.

3. Zuletzt mit den marinierten Erdbeeren vermengen. In ein Gefäß füllen und ca. vier Stunden kalt stellen.

4. Kleine Servierringe auf Teller stellen und mit dem Milchreis füllen. Die Servierringe vorsichtig abnehmen. Mit Minze und Erdbeeren garnieren und gleich verzehren.

NAPFKUCHEN

12 Stück

ZUTATEN

Teig:
500 g Weizenvollkornmehl
(alternativ Dinkelvollkornmehl)
¼ TL Salz
1 Pckg. Trockenhefe, vegan
230 ml Sojamilch
80 g hochwertige Margarine
50 g Zucker
1 TL Zitronenschale

2 EL Margarine, geschmolzen
4 EL Vollrohrzucker

Füllung:
50 g hochwertige
Margarine, geschmolzen
100 g Vollrohrzucker
100 g Walnüsse, gemahlen
120 g Rosinen
1 EL Zimt

ZUBEREITUNGSZEIT

30 Min. + 1½ Std. Ruhezeit

NÄHRWERTE pro Stück

kcal	kJ	Eiweiß	Fett	Kohlenhyd.
393	1647	7 g	17 g	54 g

1. Das Mehl mit dem Salz und der Hefe in eine Schüssel sieben.

2. Die Sojamilch leicht erwärmen und die Margarine darin schmelzen lassen. Mit dem Zucker und der Zitronenschale zum Mehl geben, alles vermengen und mit den Knethaken des Handrührgerätes (oder der Küchenmaschine) kneten, bis sich der Teig vom Schüsselrand löst. Zugedeckt an einem warmen Ort 1½ Stunden gehen lassen.

3. Den Backofen auf 180 °C vorheizen. Eine Napfform mit der geschmolzenen Margarine auspinseln und mit dem Rohrzucker bestreuen.

4. Den Teig nochmals durchkneten. Ein Arbeitsbrett mit Mehl bestäuben und den Teig zu einem Quadrat von ca. 2 cm Dicke ausrollen. Mit der geschmolzenen Margarine bestreichen, anschließend mit Rohrzucker bestreuen. Dann die gemahlenen Walnüsse, die Rosinen und den Zimt daraufstreuen. Den Teig straff einrollen und in die Form legen.

5. Optional mit etwas geschmolzener Margarine bestreichen und auf der zweiten Schiene von unten auf dem Backrost ca. eine Stunde backen. In der Form etwas abkühlen lassen, dann auf ein Kuchengitter stürzen.

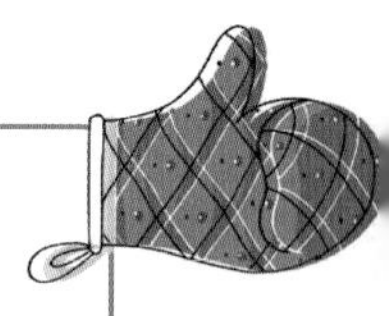

Tipp

Um zu prüfen, ob der Kuchen fertig gebacken ist, die Stäbchenprobe machen. Dafür mit einem Holzstäbchen gerade in den Kuchen stechen. Wenn beim Herausziehen kein Teig am Stäbchen kleben bleibt, ist der Kuchen fertig.

MOUSSE AU CHOCOLAT

ZUTATEN

200 g Seidentofu
1 EL Zucker
1 Pckg. Vanillezucker
150 g geschmolzene Schokolade (mind. 70 % Kakao)
1–2 EL Rum oder Cognac (optional)

ZUBEREITUNGSZEIT

15 Min. + 2 Std. Kühlzeit

NÄHRWERTE pro Portion

kcal	kJ	Eiweiß	Fett	Kohlenhyd.
210	880	7 g	8 g	26 g

1. Den Seidentofu mit dem Zucker und dem Vanillezucker in einem hohen Gefäß pürieren.

2. Die Schokolade über einem Wasserbad schmelzen und mit der Tofucreme verrühren.

3. Mit Rum oder Cognac nach Belieben verfeinern.

4. In ein großes Gefäß oder mehrere kleine Gläser füllen und 2 Stunden in den Kühlschrank stellen.

5. Mit zwei Esslöffeln entweder kleine Nocken ausstechen oder in den kleinen Gläsern servieren.

Tipp

Zartbitterschokolade ab 70 % Kakaoanteil ist meistens vegan. Im Zweifel hilft der Blick auf die Zutatenliste.

ESPRESSO PANNACOTTA

Dieses Dessert aus Norditalien kann sowohl gestürzt als auch als Creme in einem schönen Schälchen angerichtet werden.

ZUTATEN

Pannacotta:
30 g feiner Zucker
1 Pckg. (10 g) Agartine
1 TL Vanillezucker
50 g Schokolade (70 %)
200 ml Espresso
250 ml Soja-Sahne (Hafer-Sahne)

etwas Kaffeepulver
zum Garnieren

ZUBEREITUNGSZEIT

30 Min. + 4 Std. Kühlzeit

NÄHRWERTE pro Portion

kcal	kJ	Eiweiß	Fett	Kohlenhyd.
210	890	3 g	10 g	28 g

1. Den Zucker mit der Agartine und dem Vanillezucker vermischen, die Schokolade fein hacken. Espresso zubereiten, mit der Soja-Sahne verrühren und die trockenen Zutaten (außer der Schokolade) unterrühren. Alles in einem Topf erhitzen, ca. 2 Minuten köcheln lassen, dabei ständig rühren. Vom Herd nehmen und die Schokolade mit einem Schneebesen einrühren, bis sie geschmolzen ist.

2. Wenn man die Pannacotta stürzen will, die Masse in kalt ausgespülte Förmchen gießen und für 4 Stunden kalt stellen. Soll die Pannacotta cremig bleiben, die Masse in ein Gefäß füllen, kalt stellen und immer wieder durchrühren.

3. Die Pannacotta in passende Schälchen füllen und mit Kaffeepulver bestreuen.

TIRAMISU

ZUTATEN

400 ml starker Kaffee
1 EL Rum
150 ml Soja- oder Reismilch
5 TL Maisstärke
½ TL Agar-Agar oder
½ Pckg. Agartine
300 g Seidentofu
60 g feiner Kristallzucker
1 Pckg. Vanillezucker
1 Prise Salz
300 ml aufschlagbare Soja-Sahne + 2 EL Sahnesteif
1 Pckg. Zwieback
2–3 TL Kakaopulver

ZUBEREITUNGSZEIT

30 Min. + 8 Std. Kühlzeit

NÄHRWERTE pro Portion

kcal	kJ	Eiweiß	Fett	Kohlenhyd.
500	2110	14 g	8 g	26 g

1. Den Kaffee zubereiten und den Rum einrühren. In einen Suppenteller füllen und kalt stellen.

2. Für die Creme 5 EL der Sojamilch in eine Tasse geben und mit der Maisstärke verrühren. Die restliche Sojamilch mit Agar-Agar verquirlen, in einen Topf geben und auf mittlerer Hitze unter ständigem Rühren aufkochen. Die Hitze reduzieren und ca. 3 Minuten weiter köcheln lassen; weiter rühren, da die Creme leicht anbrennt. Die verrührte Maisstärke zur Agar-Agar-Mischung geben, umrühren und 1–2 Minuten köcheln lassen.

3. Den Seidentofu zwischen Küchenkrepp gut ausdrücken, in ein Gefäß geben und mit dem Handmixer pürieren. Zucker, Vanillezucker, Salz und den gekochten Sojamilch-Mix unterrühren.

4. Die Sojasahne mit Sahnesteif aufschlagen und mit dem Schneebesen unter die Creme ziehen, bis die Masse geschmeidig ist.

5. Eine Form (20 x 20 cm) bereitstellen. Den Zwieback nacheinander ganz kurz in den Kaffee tauchen und damit den Boden der Form auslegen. Ein Drittel der Creme daraufgeben und verstreichen, bis alles gut bedeckt ist. Dann die Form um 90° drehen und wieder mit dem getränkten Zwieback belegen. Danach eine weitere Lage Creme darüber verteilen. Die Form wieder zurückdrehen und eine letzte Lage Zwieback einfüllen. Zum Abschluss die restliche Creme daraufgeben und glatt streichen. Mit der Hälfte des Kakaopulvers bestäuben. Mit Folie zudecken und für mindestens 8 Stunden in den Kühlschrank stellen.

6. Vor dem Servieren nochmals mit Kakaopulver bestäuben.

MANDEL-STRACCIATELLAEIS

MIT WARMER SCHOKOLADENSAUCE

Das Stracciatellaeis verdankt seinen Namen den fein gehackten Schokoladenstückchen.

ZUTATEN

Mandel-Stracciatellaeis:
100 ml Reismilch
40 g feiner Zucker
2–3 Msp. Vanillemark
100 ml aufschlagbare Sojasahne
½ TL Sahnesteif
10 g Rohrzucker
20 g Mandeln, gehackt
30 g Schokolade (70 % Kakao), gehackt

Schokoladensauce:
100 ml Sojasahne
50 g Schokolade (70 %)
8 Amaretti oder andere vegane Kekse
250 g Erdbeeren (davon 4 Stück zum Garnieren)

ZUBEREITUNGSZEIT

30 Min. + 4 Std. Gefrierzeit

NÄHRWERTE pro Portion

kcal	kJ	Eiweiß	Fett	Kohlenhyd.
250	1050	5 g	12 g	29 g

1. Für das Eis die Reismilch in eine gefrierfeste Schüssel geben, den Zucker, das Vanillemark und 50 ml der Sojasahne unterrühren und für eine Stunde ins Gefrierfach stellen.

2. Die restliche Sahne mit Sahnesteif aufschlagen, vorsichtig unter die halbgefrorene Masse mengen und wieder für 2 Stunden ins Gefrierfach stellen.

3. Den Rohrzucker in einem kleinen Topf schmelzen lassen und die gehackten Mandeln unterrühren. Die karamellisierten Mandelstückchen auf ein Backpapier streichen, abkühlen lassen und die erhärtete Masse mit einem Messer grob hacken.

4. Die Schokolade mit dem Zucker-Mandel-Krokant gleichmäßig unter das Eis ziehen. Nochmals für eine Stunde ins Gefrierfach stellen.

5. Für die Sauce die Sojasahne erhitzen, vom Herd nehmen und die Schokolade einrühren, bis sie geschmolzen ist.

6. Die Erdbeeren waschen und vierteln. In vier Eisbecher Amaretti, die Erdbeeren und das Eis schichtweise einfüllen. Mit Schokoladensauce und einer Erdbeere garnieren.

DREIERLEI
FRUCHTEIS

ca. 10 Becher

ZUTATEN

Heidelbeereis:
200 g Sojajoghurt mit Heidelbeeren
100 g TK-Heidelbeeren
2 EL Hafersahne
Ahornsirup nach Bedarf

1. Den Sojajoghurt mit den gefrorenen Heidelbeeren pürieren. Die Hafersahne dazugeben, nach Geschmack etwas nachsüßen und für 2–3 Stunden in den Gefrierschrank stellen. Bei frischen Heidelbeeren verlängert sich die Gefrierzeit auf 4 Stunden.

2. Während des Gefrierens das Eis 2–3 mal mit dem Handrührgerät aufschlagen.

Erdbeereis:
250 ml Reismilch
1 TL Vanillezucker
300 g frische Erdbeeren
3 EL Agavendicksaft

1. Die Reismilch mit dem Vanillezucker kurz aufkochen. Die Erdbeeren waschen, putzen, pürieren und mit dem Agavendicksaft in die Reismilch geben.

2. Mindestens 4 Stunden in den Gefrierschrank stellen und in dieser Zeit mindestens 2–3 mal mit dem Handmixer aufschlagen.

Himbeereis:
125 g Sojajoghurt
40 g Puderzucker
½ TL abgeriebene Zitronenschale, unbehandelt
250 g TK-Himbeeren
60 g Soja-Sahne, aufschlagbar

1. Den Sojajoghurt mit Puderzucker und Zitronenschale verrühren. Die Soja-Sahne steif schlagen und die Himbeeren pürieren. Mit der Soja-Sahne unter den Joghurt ziehen.

2. Die Masse 2–3 Stunden in den Gefrierschrank stellen (bei frischen Früchten mindestens 4 Stunden) und 2–3 mal mit dem Handmixer aufschlagen.

ZUBEREITUNGSZEIT

15 Min. + 2–4 Std. Gefrierzeit
(Bei Verwendung von frischen Früchten verlängert sich die Gefrierzeit)

NÄHRWERTE pro Becher

kcal	kJ	Eiweiß	Fett	Kohlenhyd.
76	312	2 g	1 g	13 g

PROSECCO

MIT NEKTARINEN-WODKA-MUS

Prosecco war ursprünglich der Name einer weißen Rebsorte, die in der italienischen Provinz Treviso wächst.

ZUTATEN

Mus:
4 Nektarinen (ca. 500 g)
50 g Zucker
50 ml Wasser
100 ml Wodka

½ Flasche Prosecco

ZUBEREITUNGSZEIT

15 Min. + 1 Nacht Kühlzeit

NÄHRWERTE pro Portion

kcal	kJ	Eiweiß	Fett	Kohlenhyd.
320	1350	1 g	0 g	37 g

1. Zwei der Nektarinen waschen und pürieren. Mit dem Zucker und dem Wasser 3 Minuten aufkochen lassen. Dabei immer wieder umrühren. Alles durch ein feines Sieb streichen und mit dem Wodka verrühren.

2. Abkühlen lassen und über Nacht in das Gefrierfach stellen. Das Mus wird nicht völlig gefrieren, sondern immer schön geschmeidig bleiben. Vor dem Servieren kurz mit dem Stabmixer pürieren.

3. Die übrigen Nektarinen kreuzweise einschneiden und mit kochend heißem Wasser überbrühen. Vorsichtig die Haut abziehen und in Spalten schneiden. Jeweils 1–2 EL eisgekühltes Mus und 3–4 Nektarinenspalten in ein Glas geben und mit Prosecco aufgießen.

4. Mit einem kleinen Löffel zum Umrühren servieren.

GEMISCHTE BEERENTORTE

Tarteform, 28 cm Durchmesser/12 Tortenstücke

ZUTATEN

Mürbeteig:

300 g Vollkornmehl
2 TL Backpulver
100 g Vollrohrzucker, fein gemahlen
200 g hochwertige Margarine
ca. 4 EL Wasser
etwas Margarine für die Form

Vanillecreme:

250 ml Reismilch
1 Pckg. Vanillepuddingpulver
Zucker nach Bedarf
2 gehäufte EL Soja-Sahne, aufgeschlagen

Belag:

1 Handvoll Himbeeren, frisch
1 Handvoll Heidelbeeren, frisch
10 große Erdbeeren, frisch
10 Zitronemelissenblätter
1 Pckg. veganer Tortenguss

ZUBEREITUNGSZEIT

80 Min. + 1–2 Std. Kühlzeit

NÄHRWERTE pro Tortenstück

kcal	kJ	Eiweiß	Fett	Kohlenhyd.
266	1110	3 g	14 g	31 g

1. Das Mehl mit dem Backpulver mischen und auf ein Backbrett sieben, in die Mitte eine Mulde drücken. Zucker hineingeben, die Margarine in Flöckchen schneiden und auf dem Mehl verteilen. Alle Zutaten mit dem Wasser rasch zu einem glatten Teig verkneten. Eine Kugel formen, in Alufolie wickeln und 1–2 Stunden im Kühlschrank ruhen lassen.

2. In der Zwischenzeit für die Vanillecreme die Reismilch in einem Topf zum Kochen bringen. Zuvor 5 EL der warmen Reismilch mit dem Puddingpulver verrühren, bis keine Klümpchen mehr übrig bleiben. Mit einem Schneebesen in die kochende Milch geben und unter ständigem Rühren ca. 2–3 Minuten köcheln lassen, bis der Pudding eindickt. In eine Schüssel füllen, nach Bedarf Zucker unterrühren und abkühlen lassen. Immer wieder durchrühren und kurz vor dem Belegen die Sahne darunterziehen.

3. Den Backofen auf 200 °C vorheizen. Die Tarteform einfetten. Den Teig auf dem bemehlten Backbrett ca. 1–1½ cm dick ausrollen und damit Boden und Rand auslegen. Mit einer Gabel mehrmals den Tortenboden in kleinen Abständen einstechen. Im Backofen auf der zweiten Schiene von unten ca. 25 Minuten goldbraun backen. Etwas abkühlen lassen und auf ein Kuchengitter stürzen.

4. Die Beeren waschen und verlesen.

5. Die Vanillecreme auf dem Tortenboden verteilen, mit den Früchten belegen und mit der Zitronenmelisse dekorieren. Den Tortenguss nach Anleitung zubereiten und sparsam darüber verteilen.

SCHOKOLADEN-TARTELETTES

MIT ERDBEERCREME

4 Tartelettes (8 cm Durchmesser)

ZUTATEN

Teig:
150 g Weizenmehl
1 Msp. Backpulver
25 g Kakao
40 g Feinkristallzucker
80 g hochwertige Margarine, weich
etwas Margarine und Mehl für die Form

Creme:
200 g Erdbeeren
2 EL Puderzucker
1½ TL Pfeilwurzelstärke
20 ml Wasser
200 g Sojasahne
1 Pckg. Sahnesteif
Puderzucker zum Bestäuben

Getrocknete Bohnen oder Reis zum Blindbacken

ZUBEREITUNGSZEIT

30 Min. + 3–4 Std. Kühlzeit

NÄHRWERTE pro Tartelette

kcal	kJ	Eiweiß	Fett	Kohlenhyd.
390	1620	6 g	19 g	48 g

1. Das Mehl mit dem Backpulver mischen und sieben. Mit Kakao, Zucker und Margarine rasch zu einem Teig verkneten. In Folie wickeln und eine Stunde kalt stellen.

2. Die Förmchen mit Margarine einpinseln und mit Mehl bestäuben. Den Backofen auf 200 °C Ober-/Unterhitze vorheizen. Den Boden und Rand der Förmchen mit Teig auskleiden. Backpapier auf den Teig legen und mit Hülsenfrüchten beschweren. Auf mittlerer Schiene 15 Minuten blindbacken, dann das Papier und die Bohnen entfernen und weitere 10 Minuten backen. Aus den Förmchen lösen und auf einem Kuchengitter auskühlen lassen.

3. Für die Creme die Erdbeeren mit dem Stabmixer pürieren. Mit dem Puderzucker verrühren und in einem Topf unter Rühren zum Kochen bringen. Die Pfeilwurzelstärke mit Wasser verrühren und mit einem Schneebesen in das Erdbeerpüree einrühren. 2 Minuten kochen lassen. Die Sojasahne mit dem Sahnesteif aufschlagen und unter das ausgekühlte Erdbeerpüree heben. Für 2–3 Stunden in den Kühlschrank stellen.

4. Die Erdbeercreme in einen Spritzbeutel mit großer Sterntülle füllen und Rosetten auf die abgekühlten Tartelettes spritzen. Mit Puderzucker bestäuben.

HEIDELBEER-CAKEPOPS

ca. 14 Stück à 25 g

ZUTATEN

Biskuitteig:
100 g Weizenmehl
½ Pckg. Weinsteinbackpulver
50 g Zucker
1 Pckg. Vanillezucker
75 ml Vanillesojajoghurt
40 ml Öl
40 ml Wasser
etwas Margarine und
Mehl für die Form

3 TL Heidelbeerkonfitüre
2 TL Halbfettmargarine
(optional Kokosöl)
3 TL Heidelbeerlikör
200 g Zartbitter-Kuvertüre

Zuckerdekor, z. B. Blüten aus
Fondant oder anderes Dekor
14 Lollistiele
Band

ZUBEREITUNGSZEIT

50 Min. + Zusatzzeit

NÄHRWERTE pro Stück

kcal	kJ	Eiweiß	Fett	Kohlenhyd.
40	163	0,3 g	3 g	3 g

1. Den Backofen auf 200 °C vorheizen.

2. Das Mehl mit dem Backpulver mischen und sieben und mit den restlichen Zutaten verrühren. Den Boden einer Springform auf Backpapier legen und mit einem Stift umranden. 2 cm größer ausschneiden, plan auf den Boden legen und in die Form spannen. Den Rand der Tortenform mit Margarine befetten und mit Mehl bestäuben.

3. Den Teig in die Form füllen und im Backofen auf mittlerer Schiene 25–30 Minuten backen. Den Biskuitteig aus der Form lösen und auskühlen lassen.

4. Das Biskuit in einer Schüssel zerbröseln. Die Konfitüre, die weiche Margarine und den Likör dazugeben und zu einer homogenen Masse verkneten. Aus der Masse Kugeln mit einem Durchmesser von ca. 2 cm formen.

5. Die Kuvertüre über einem Wasserbad schmelzen lassen. Die Lollistiele ca. 1 cm tief darin eintauchen, vorsichtig in die Kugeln stecken, auf einen Teller legen und im Kühlschrank aushärten lassen.

6. Anschließend die Kuvertüre erneut schmelzen lassen und die Cakepops vorsichtig darin schwenken. Abkühlen lassen und den Vorgang ein weiteres Mal wiederholen. Die Cakepops in ein passendes Gefäß stellen und in den Kühlschrank stellen.

7. Fondantblüten oder anderes Dekor mit ein wenig Wasser auf die Schokoladenoberfläche setzen. Nach Belieben verschönern.

KARAMELL-CUPCAKES

6 Stück

ZUTATEN

100 g Margarine
100 g Vollrohrzucker
200 g Dinkelmehl, fein
1 Pckg. Karamell-Puddingpulver
1 Pckg. Weinsteinbackpulver
100 ml Sojamilch
100 ml Sprudelwasser
250 g Soja-Sahne, geschlagen
6 große Erdbeeren
3 EL Zucker

ZUBEREITUNGSZEIT

40 Min.

NÄHRWERTE pro Portion

kcal	kJ	Eiweiß	Fett	Kohlenhyd.
480	2010	6 g	27 g	54 g

1. Die Margarine mit dem Vollrohrzucker schaumig rühren. Mehl, Karamell-Puddingpulver und Backpulver mischen und sieben und mit dem Sprudelwasser und der Sojamilch unter die Masse rühren.

2. Den Backofen auf 200 °C vorheizen. Sechs Cupcakeförmchen einfetten und bemehlen und zu ¾ mit dem Teig füllen.

3. Im Backofen auf der mittleren Schiene auf dem Rost ca. 30 Minuten backen. Etwas abkühlen lassen und vorsichtig aus der Form stürzen.

4. Nach dem Auskühlen das obere Viertel mit einem scharfen Messer abschneiden.

5. Für das Karamellgitter den Zucker in einem Topf unter ständigem Rühren schmelzen lassen und mit einem Teelöffel auf einem Stück Backpapier Gitter ziehen. Abkühlen lassen. Auf die Unterteile die geschlagene Sahne geben, jeweils eine Erdbeere in Spalten schneiden und fächerförmig um den Cupcake herum anordnen.

6. Die Karamellgitter vorsichtig vom Backpapier abziehen und auf die Sahne setzen. Die Cupcakes rasch verzehren.

NUSSHÖRNCHEN

ca. 24 Stück

ZUTATEN

Teig:
500 g feines Weizenmehl
2 Pckg. Trockenhefe, vegan
1 Prise Salz
1 EL Zucker
1 TL Anis
1 TL abgeriebene Zitronenschale
1 Pckg. Vanillezucker
80 g Margarine, zerlassen
375 ml Sojamilch, lauwarm

Nussfüllung:
150 g Haselnüsse, gerieben
125 ml Sojamilch
1 EL Rosinen, gehackt
1 EL Rum
½ Pckg. Vanillezucker
1 EL Agavendicksaft
1 TL abgeriebene Zitronenschale
1 Msp. Zimt
100 ml Sojasahne zum Bestreichen

etwas Puderzucker zum Bestreuen

ZUBEREITUNGSZEIT

45 Min. + 75 Min. Ruhezeit

NÄHRWERTE pro Stück

kcal	kJ	Eiweiß	Fett	Kohlenhyd.
28	117	0,7 g	1 g	3 g

1. Das Mehl mit der Trockenhefe, dem Salz und dem Zucker mischen, und mit den übrigen Zutaten zu einem glatten Teig verkneten. Mit dem Knethaken des Handmixers den Teig 20 Minuten kneten. Zugedeckt an einem warmen Ort ca. eine Stunde gehen lassen.

2. In der Zwischenzeit für die Füllung die Nüsse in der Sojamilch kurz unter Rühren aufkochen, vom Herd nehmen und mit den übrigen Zutaten für die Füllung vermischen.

3. Den Teig nochmals durchkneten und auf einer bemehlten Arbeitsfläche 1 cm dick ausrollen. 10 x 10 cm große Quadrate ausschneiden und in die Mitte jeweils einen Teelöffel Nussfüllung setzen und zu einem Hörnchen formen. Diese auf ein mit Backpapier belegtes Backblech legen, mit Sojasahne bestreichen und zugedeckt nochmals 15 Minuten gehen lassen.

4. Im vorgeheizten Backofen bei 200 °C ca. 25 Minuten goldgelb backen.

5. Abkühlen lassen und mit Puderzucker bestreuen.

WAFFELN MIT KIRSCHKOMPOTT

ca. 24 Herzen/6 Stück

ZUTATEN

Waffeln:
125 g hochwertige Margarine
50 g Vollrohrzucker
2 EL Apfelmus
250 g sehr feines Dinkel- oder Weizenmehl
2 TL Sojamehl
1 TL Weinsteinbackpulver
250 ml Sojadrink Vanille
6 EL Sprudelwasser
Maiskeimöl für das Waffeleisen
etwas Puderzucker zum Bestreuen

Kirschkompott:
500 g Kirschen
2 EL Zucker
1 l Wasser
1 kleine Zimtstange
6 Gewürznelken

ZUBEREITUNGSZEIT

30 Min.

NÄHRWERTE pro Portion

kcal	kJ	Eiweiß	Fett	Kohlenhyd.
110	450	2 g	5 g	14 g

1. Die Margarine mit Vollrohrzucker schaumig rühren und das Apfelmus dazugeben. Mehl mit Sojamehl und Weinsteinbackpulver mischen und sieben, mit dem Sojadrink und dem Sprudelwasser abwechselnd unter die Zucker-Margarinemasse mengen.

2. Die Kirschen waschen und entkernen. Den Zucker in einem Topf schmelzen und goldgelb karamellisieren. Das Wasser mit dem Schneebesen einrühren und aufkochen lassen. Zimtstange, Gewürznelken und Kirschen dazugeben und ca. 15 Minuten auf niedriger Stufe köcheln lassen. In eine Schüssel füllen und warm oder kalt servieren.

3. Das Waffeleisen mit Öl einpinseln und erhitzen. Mit ca. 2 EL Teig befüllen und glatt streichen.

4. Die Waffeln goldbraun backen und nach Geschmack mit Puderzucker besieben. Warm servieren und sofort verzehren.

SCHOKOLADEN-WÜRFEL

ca. 21 Stück

ZUTATEN

Teig:
220 g hochwertige Margarine, weich
200 g Vollrohrzucker
5 Pckg. Vanillinzucker
420 g sehr feines Dinkelmehl
1 Pckg. Weinsteinbackpulver
1 Prise Salz
30 g Kakao
220 ml Sojamilch
200 ml Wasser, kochend

Ganache:
250 ml Sojasahne
250 g dunkle Schokolade, zerkleinert

3 EL Aprikosenmarmelade

ZUBEREITUNGSZEIT

45 Min.

NÄHRWERTE pro Stück

kcal	kJ	Eiweiß	Fett	Kohlenhyd.
386	1620	7 g	23 g	38 g

1. Den Backofen auf 200 °C Ober-/Unterhitze vorheizen.

2. Die Margarine mit dem Zucker und dem Vanillinzucker schaumig rühren. Das Mehl mit dem Backpulver und Salz mischen und sieben und mit dem Kakao und der Sojamilch unter die Zuckermasse rühren. Mit dem kochenden Wasser vermengen.

3. Ein tiefes Backblech mit Backpapier auslegen, die Masse gleichmäßig darauf verteilen und glatt streichen. Im Backofen auf mittlerer Schiene 30 Minuten backen.

4. Den Kuchen in 5 x 5 cm große Quadrate schneiden. Jeweils zwei Quadrate mit etwas Aprikosenmarmelade zusammensetzen.

5. Für die Ganache die Sojasahne in einem Topf unter Rühren aufkochen, vom Herd nehmen und unter Rühren die zerkleinerte Schokolade darin schmelzen lassen. Mit dem Schneebesen verrühren.

6. Die Kuchenwürfel zügig mit der Ganache überziehen.

LEICHTER APFELSTRUDEL

2 Strudel / 12 Stück

ZUTATEN

Teig:
250 g Dinkelmehl, fein gemahlen
2 EL Maiskeimöl
125 ml lauwarmes Wasser
1 Prise Salz

Füllung:
1 kg süß-säuerliche Äpfel
2 EL Zitronensaft
100 g Semmelbrösel
2–3 EL Vollrohrzucker
1 TL Zimt

50 g zerlassene Butter zum Bestreichen
etwas Puderzucker zum Bestäuben

ZUBEREITUNGSZEIT

30 Min. + 20 Min. Ruhezeit + Backzeit

NÄHRWERTE pro Portion

kcal	kJ	Eiweiß	Fett	Kohlenhyd.
210	860	4 g	6 g	35 g

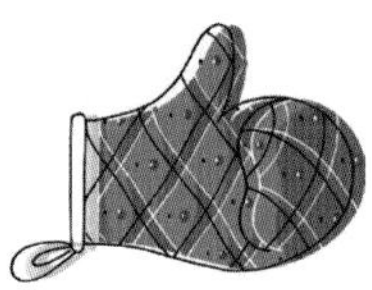

1. Das Mehl mit dem Salz auf die Arbeitsfläche sieben, Öl und Wasser dazugeben und verkneten. Den Teig immer wieder auf die Arbeitsfläche schlagen, damit er schön geschmeidig wird. Aus dem Teig eine Kugel formen, mit etwas Öl bestreichen und 30 Minuten unter einem umgedrehten warmen Kochtopf ruhen lassen.

2. Die Äpfel schälen, entkernen, in dünne Spalten schneiden und mit Zitronensaft beträufeln.

3. Semmelbrösel in einer Pfanne leicht bräunen, Zucker und Zimt dazugeben und etwas auskühlen lassen, dann mit den Apfelstücken vermischen.

4. Den Teig halbieren und auf ein bemehltes Geschirrtuch legen. Ihn dort vorsichtig ziehen (Vorsicht, er reißt leicht!), bis er die gewünschte Größe (ca. 40 x 40 cm) hat. Die Ränder abschneiden. Die Hälfte der Füllung auf dem vorderen Drittel des Teiges verteilen, die Seiten einschlagen und den Teig mit Hilfe des Geschirrtuches vorsichtig einrollen. Den Strudel auf ein mit Backpapier ausgelegtes Backblech legen, mit zerlassener Butter bestreichen und mit etwas Vollrohrzucker bestreuen. Mit dem zweiten Teig ebenso verfahren.

5. Im vorgeheizten Backofen bei 180 °C Ober-/Unterhitze beide Strudel ca. 30 Minuten auf mittlerer Schiene backen. Nach dem Herausnehmen etwas abkühlen lassen und vor dem Servieren mit Puderzucker besieben.

Tipp

Man kann anstelle der Äpfel auch Aprikosen oder Pflaumen verwenden.

KÄSEKUCHEN

Springform, 16 cm Durchmesser

ZUTATEN

Teig:
150 g feines Dinkelmehl
50 g Zucker
100 g hochwertige Margarine, kalt
1 TL abgeriebene Zitronenschale, unbehandelt
1 Prise Salz

Füllung:
100 g hochwertige Margarine
100 g Fruchtzucker
500 g Sojajoghurt
1 Pckg. Vanillepuddingpulver
100 ml Reismilch
1 EL Orangensaft, frisch gepresst
1 TL abgeriebene Orangenschale, unbehandelt
1 TL Cointreau
1 Prise Salz

ZUBEREITUNGSZEIT

35 Min. + ca. 12 Std. Abtropfzeit für den Sojajoghurt

NÄHRWERTE pro Stück

kcal	kJ	Eiweiß	Fett	Kohlenhyd.
720	3010	10 g	42 g	76 g

1. Den Sojajoghurt über Nacht in einem mit einem Tuch ausgelegten Sieb abtropfen lassen.

2. Für den Teig alle Zutaten zu einem Mürbeteig verkneten, in Folie wickeln und eine Stunde im Kühlschrank ruhen lassen.

3. Eine Springform einfetten und bemehlen. Den Backofen auf 160 °C Umluft vorheizen. Auf einer bemehlten Arbeitsfläche den Teig ausrollen und in die Springform legen. Dabei den Teig am Rand etwas hochziehen, mehrmals mit einer Gabel einstechen und im Backofen 15 Minuten auf mittlerer Schiene vorbacken.

4. Für die Füllung die Margarine und den Zucker schaumig rühren, langsam den Joghurt, das Puddingpulver und die Reismilch einrühren und mit Orangensaft, Orangenschale, Cointreau und Salz glatt rühren.

5. Auf den vorgebackenen Mürbteig gießen und weitere 45 Minuten bei 160 °C Umluft backen.

6. Mindestens eine Stunde in der Form abkühlen lassen.

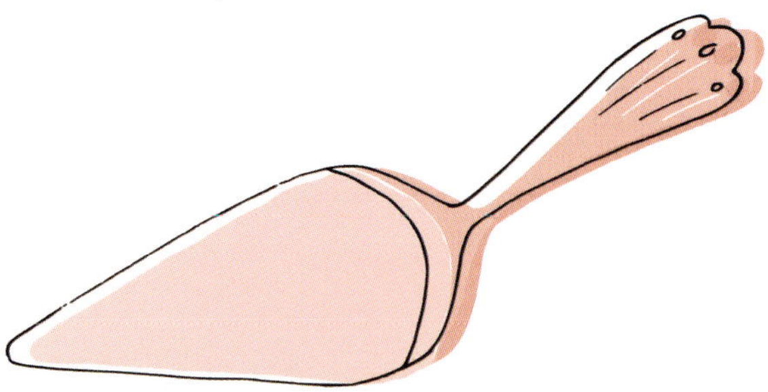

REGISTER

Hinweis: Die Inhalte dieses Buches wurden vom Autor nach bestem Wissen erstellt und mit größtmöglicher Sorgfalt recherchiert. Sie bieten keinen Ersatz für kompetenten medizinischen Rat. Die Empfehlungen in diesem Buch erfolgen ohne jegliche Gewährleistung oder Garantie seitens des Verlages oder des Autors. Weder Autor noch Verlag können für eventuelle Nachteile oder Schäden, die aus den im Buch gegebenen Hinweisen resultieren, eine Haftung übernehmen.

IMPRESSUM

Vegan kochen
Einfach – lecker – laktosefrei

Fotografie: Arnold Pöschl
Covergestaltung und Satz: Satz - & Verlagsservice Ulrich Bogun, Berlin
Lektorat: Dana Hübeler, Berlin

Gesamtherstellung: Tandem Verlag GmbH, Potsdam

ISBN 978-3-8427-1260-7